斎藤一人《ひとり》

# 幸せ波動、貧乏波動

斎藤一人 著

PHP研究所

# はじめに

この世のあらゆる事象をミクロの世界まで分解してみると、そのはじまりは、目に見えない小さな粒子の振動なのだそうです。

私たち人間も粒子のバイブレーションによって生かされているし、昨日の嫌な出来事だって、今日のお天気や、明日起きる楽しいこともぜんぶ、突き詰めると、ちっちゃな粒子から始まっている。

すでに、こういうことが科学でも証明されているんだよね。

一人さんは学者じゃないから、それ以上の専門的な話はできないし、そもそも勉強嫌いで難しい話には興味もないんだけど（笑）。

ただ、

「粒子の震えが、すべてをつくる」

という現象には、並々ならぬ関心があるんです。

なぜか？

それは、私が幼い頃から信じ続けてきたことと、すべてが一致するからです。

一人さんは、この世界は「波動」でつくられていると考えます。

微弱なエネルギーを持つ粒子が集まって、大きなエネルギーを持つ光や電磁波となる。簡単に言うと、これが波動です。

波動にはさまざまな周波数があり、どんな周波数を持つかによって、形づくられるものも変わってきます。

動物には動物の波動があるし、自然現象なんかも、その時々で違う波動になるからこそ、日々、いろんなことが起きるんだよね。

もちろん、人間には、人間だけの波動があります。

また、1人ひとりの人間がそれぞれ異なる体験をしながら生きているのは、人によって波動が違うからであり、

「幸せな人は、幸せな波動」

「苦労続きの人は、苦労の波動」

を出しているのだと私は思うわけです。


そして一人さんがなによりも強く伝えたいのは、この世界を動かしているのは、波動だってことなんだよね。

これは、私が今までに出会った人、見てきたことのすべてが当てはまっていて、自分がどんな波動を出すかで、人生は100％決まると確信しています。

と言うと、「波動がまずい人は、一生、報われないままなんでしょうか？」

って不安を感じるかもしれないけど、そんなことはないから安心してください。

波動は、自分の意思でいくらでも変えられるものだからね。

幸せになることも、不幸な人生も、すべては自分の手にかかっている。

あなたが今どんな波動だろうが、その気になれば、真逆の波動にすることだって可能なんだよ。

しかも、びっくりするぐらい簡単にね。

本書では、波動の仕組みを基礎から紐解《ひもと》き、自分で波動を整える方法や、そのときの心がまえなどを縦横無尽《じゅうおうむじん》に語っていきたいと思います。

人生に満たされないものを感じている方はもちろん、よりよい未来を望むすべての人に手に取ってもらいたい本です。

無理なく、あなたのできることから楽しく取り組み、最高の人生を切り拓《ひら》いてもらえたらうれしいです。

## 【一人さんからのお願いとお知らせ】

私は自分のことを大切に思っているので、いつも自分を「一人さん」と呼びます。

このように呼ぶと、「いちばんの親友は自分である」「自分が自分の最大の応援団長」ということが深く実感でき、とても心強いんだよね。

自分のなかには、「もう1人の自分」という大親友がいてくれる。そう思うと勇気が湧《わ》き、生きることや、挑戦することへのハードルが、驚くほど低くなります。

だから、私のこの感覚をいいなと思う方は、自分を「さん」づけで呼んであげるといいですよ（もちろん、興味のない方は真似《まね》しなくて大丈夫です）。

なお、この本には「神様」に関連した記述がたくさん出てきますが、宗教とはまったく関係ありません。

一人さんの言う神様とは、命や宇宙といった、この世界のすべてを生み出したエネルギーを指しますので、この点、あらかじめご理解くださいね。

斎藤一人　幸せ波動、貧乏波動

目次

# 第1章
# 波動の仕組みを知れば人生楽勝！

## 第2章

# 幸せなお金持ちが伝授する上気元の流儀

第3章

# 運を動かすのは目に見えぬ存在なんだ

第4章

# 不可能を可能に変える神的波動

## 第5章

# 1に場数、2に場数。慣れが成功を呼ぶ

# 第6章 世界はゆっくりよくなっていく

装幀　根本佐知子（梔図案室）
編集協力　古田尚子

第1章

# 波動の仕組みを知れば人生楽勝！

# 苛立ちや虚無感の裏側に隠された真実

がんばらなきゃ豊かになれない。
努力なくして成功はない。
人生を甘く見ていると足をすくわれる。

あなたは、こんな思いを抱えながら生きていないだろうか？
そしてそのことが、この世の真実だと思っていないだろうか？

もしあなたがそうだとしたら、この本を読むことで、きっと考え方が180度変わると思います。

なぜなら、努力や苦労は人生になんのメリットも与えないばかりか、むしろ自分に損をさせるからです。

その証拠に、世の中にはこんな人が少なからずいます。

「あの人はどうしていつもうまくいくの？」

「私の方が努力してるのに、なぜあの人ばかり豊かになるの？」

あなたも、過去にはこういうタイプの人を見かけたことがあるんじゃないかな。

そして、世の中はなんて不公平なんだと気分が沈んだり、うまくいかない自分にイラッとしたり。もっとがんばらないとって自分を追い込み、やがてそれらに疲れ切って投げやりになる……。

そりゃそうだよね。苦労してる自分が報われないのに、ラクしてばかりの人がトクしていたら、誰だって嫌になるだろう。

**でも、ここにはとんでもない「真実」が隠されています。**

あなたの苛立《いらだ》ちや虚無感は、その重要なメッセージに気づくために起きていることなんだよね。

この視点がないまま、「世の中が悪い」「自分に能力がないせいだ」「生まれた環境のせいで損をしている」なんて不満を募らせているから、また同じようなことが起きるのです。

では、隠された真実とはなにか——。

はじめに、「努力や苦労は損」と言いましたが、これがまさに答えです。

つまり、この世の真実とはこういうことだよ。

**がんばらなくても豊かになる。**
**努力なしに成功できる。**
**人生は甘い。と思える人の方が幸せになる。**

この真実をはじめて知った人は、まず信じられないと思います。あなたが学校や社会で「これが正しい」と教わってきたこととは、真逆のことを言っているからね。

長きにわたって刷《す》り込まれ、骨の髄《ずい》まで植えつけられてきた観念は、そう簡単に崩せるものじゃないので、まずは疑いながら読み進めてもらってかまいません。

ただ、こんな考え方もあるんだなぁと気楽に受け止めてもらえたら、それで十分ですよ。

## この世で最強のパワーを持つもの

昔の偉人伝なんかでもよく見かけるストーリーだけど、極貧の生まれから立身出世し、巨大な企業グループを背負《しょ》って立つ成功者になったり、一国のリーダーになったりした人っているんです。

そこまでじゃなくても、「貧しいながらも成功した人」というくくりで世界じゅうを調べてみると、たぶん驚くほどの人数になると思います。

日本のテレビや雑誌のインタビューを見ても、そういう人ってけっこういるよね。

幸せや成功が生まれ育った環境に左右されるんだとしたら、このように、貧しさのなかから突き抜けることはできないはずです。

また、すごい資産家だったのに没落したり、莫大《ばくだい》な親の遺産を食いつぶしちゃったり、ということも世の中にはあるでしょ？

はじめの環境としては抜群によかったはずなのに、うまくいかないのはどうしてだろうって話になる。

実はこれ、明確な理由があって。

成功する人と、そうでない人に分かれるのは、

**「波動」**

というものの力に起因するんだよね。

この本の「はじめに」でもお伝えしましたが、波動とは、目に見えない小さな粒子

が集まってつくられるエネルギーです。

粒子がどのような構成で集まるかによって波動の周波数が変わるわけですが、とにかく共通することは、

**「波動は、すべてに対して計り知れない影響力を持つ」**

ということです。


私たちの肉体だって、もとをたどれば波動によってつくられているし、これまでの人生も、そしてこの先の未来も、すべては波動にかかっている。

自分がどんな波動で生きるかで、欲しいものが手に入るかどうかが決まります。

幸不幸の行方《ゆくえ》はすべて、波動が握っています。

少なくとも、一人さんが今まで見てきた限りでは、波動の力がおよばないものは１つもありません。

人間がどんなにがんばっても絶対に敵《かな》わない、この世で最強のパワーを持つのが波動なんだ。

## 「幸せ波動」「貧乏波動」のどちらを選ぶか

スタートは似たような環境にありながら、時を経てみると、それぞれまるで違った人生になるのは、その人自身の波動が違うからです。

貧しいながらも豊かさや幸せを得た人は、「幸せ波動」を持っている。

不遇な環境から抜け出せないままとか、いったんは豊かさを手にしてもそれを失ってしまう人は、「貧乏波動」になっていた。

ということになります。

貧乏波動と言うとキツく聞こえてしまうかもしれないけど、ようは、自分で自分の波動を下げてしまったことが、幸せにたどり着けない現実の最大の原因だよって。それを言いたいんだよね。

貧しいながらも成功したと聞けば、多くの人は「才能があったんだね」「苦労を乗り越えられる根性の持ち主だ」とかって言うけれど、本当はそんな問題じゃない。

**いくら能力や気骨があっても、波動が悪かったら成功できません。**

才能や努力で成功できるんだとしたら、それらを持っていながら思うような成功をつかめない人について説明することは難しい。

もちろん、努力で成功できることはあります。

でもそこに波動が伴っていなければ、成功し続けることは不可能だろう。なぜなら、人は走り続けることなんてできないから。

自分のがんばりで成功を維持しようと思うと、それこそ何十年もの間、かたときも休まず走り続けなきゃいけません。そんなことをしてたら、心も体も壊れちゃうよな。

そのいっぽうで、**ごくふつうの能力しか持っていない人でも、大した苦労もなしに、驚くような偉業を成し遂げることがあるわけです。**

こういうのは、本人の波動が抜群にいいんだよね。

すべての現象の裏側には、いつだって波動がある。

たとえば、容姿がすごくいいのになぜかモテない人がいます。

かと思うと、言っちゃ悪いけど不細工だよねって人が（笑）、ものすごく光って見えて、引く手あまただったりさ。

こういう現象も、その人が持つ波動なんです。

波動はすべてに影響力を持つものであり、いい波動の人は当然、それが自分の魅力を底上げしてくれるからね。

幸せ波動と貧乏波動。どちらを選ぶかは、あなた次第だよ。

## 誰でも秀吉みたいなミラクルを起こせる

どうしても人生がうまくいかない。そんな思いにとらわれている人は、ちょっと考えてみるといいんです。昔々の、貧しいながらも成功した人たちのことを。シンプルに、その人たちの生い立ちと、あなた自身のこれまでとを比べてごらん。昔の貧しさって今の比じゃないから、たぶん、置かれた環境としてはあなたの方がはるかに恵まれていると思います。

だってさ、今の時代で貧しいと言っても、昔みたく隙間だらけの掘ったて小屋に住んでいる人はそういません。冬は凍死しそうな寒さに震えながらお腹《なか》を空《す》かせ、夏だってエアコンもないなかで過ごしていたんだよね。

今の日本には、国民皆保険制度っていう素晴らしい仕組みまであります。病気になれば自由に医療機関にかかれるし、高額な医療費を全額自己負担する必要もない。安い費用で、高度な医療が誰でも受けられます。

お金がなくて困っている場合は、その医療費すら無料や低額にしてもらえるの。

でも、昔はそんな制度はなかった。どんなにお金がかかろうが、当たり前に自分で工面する必要があったんです。

お金を用意できない人は、それで命を落とすこともふつうだったの。

今ここで生きている私たちには、とうてい考えられないことだと思います。

それでも逆境にのまれず、明るい未来を手にした人たちがいる。それも1人や2人じゃなくて、大勢います。


戦国武将の豊臣秀吉だって、出自は半農の下級武士という相当な低さだったの。

こういう表現はよくないかもしれないけど、最底辺と言ってもいいぐらいの貧しさだった。

当時は階級がものすごく重視されていたから、どんなに能力があっても、身分が低いと出世のチャンスはなかったんだよね。

小作人は死ぬまで小作人だし、それに毛が生えた程度の下級武士が殿様になるなど、夢を見ることすらゆるされない時代だったの。

ところが、秀吉はそれをやってのけた。不可能を可能にし、天下を取ったわけです。

でもね、それって奇跡なんかじゃない。

いや、奇跡と言ってもいいんだけど、じゃあその奇跡を起こしたのはなんですかっていうと、やっぱり波動なんです。

**波動を味方につけたら、誰だって秀吉みたいなミラクルを起こせるんだよ。**

波動はこの世のすべてを生み出す力を持っているし、その波動は、私もあなたも、全員が持っているものだからね。

あとは、あなた自身が波動をどうコントロールするかだよ。

## 楽勝で完璧な人生をつくってきた

一人さん自身のことを言えば、私は日本でいちばん税金を払うほど、大変な豊かさをもらいました。

でもね、努力や苦労は私の人生には皆無《かいむ》です。

うちの会社で販売している商品にしても、研究室にこもって開発したとか、商品化に何年もかかったとか、そんなの一度もありません。

ふつうの人が想像する「仕事をしている姿」というのは、たぶん一人さんの仲間の誰ひとりとして見たことがないんじゃないかな。

私がやってきたことと言えば、趣味のドライブ旅行とか、観音《かんのん》参りとか、そういうのだけだからね。冗談抜きに、遊びながら成功しちゃったんです（笑）。

だったら、いつ、どこで、どうやって新商品の開発をしているんですかって、みんなすごく不思議がるんだけど。

実は、そういうアイデアは毎回、ドライブの途中でひらめくの。

どこでどう思いつくかはそのときによって違いますが、とにかく、いつも突然「〇〇と△△の成分をこんな感じで配合する」みたいなのが、頭にパッと浮かぶわけです。

それを紙に書き出して、お世話になっている工場へ持っていくと、工場の人が「えっ、これでいったいなにができるんですか⁉」って言うほど、最初は不可解な処方になってることもあります（笑）。

当然、私も理由なんてわからないし答えられないけど、ふたを開けてみると、これが私にとって完璧な商品になってできてくる。大勢の人に「こんなの欲しかった！」と言ってもらえて、バンバン売れちゃうわけです。

うちには「これは失敗だったなぁ……」っていう商品はなくて、どれも、ヒットか大ヒット商品なんだよね。

商売だけではありません。

一人さんは最高の仲間たちを得たうえに、彼女までいっぱいできた（笑）。どこへ行っても、モテモテの楽しい人生なの。

それだって、私はただ流れに身をまかせていただけ。

**自由気ままに楽しく生きていたら、勝手に幸せが積み上げられていったんです。**

納税日本一になりたいと目指したこともなければ、お金持ちを夢見てがむしゃらに働いたこともない。

私はなに1つ特別じゃないし、本当にゆるっと生きてきただけです。

なのに、奇跡の方が向こうからやってきた。決して、自ら成功をつかみ取りに行ったわけではないんだよ。

これはもう、天のひらめき、天のギフトとしか言いようがないよな。

そんな一人さんがほかの人とどこが違うのか考えてみたら、自分の波動を大切にしながら生きているところだと思います。

いつだって笑顔でいよう。

自分最高の波動を、常に更新し続けるぞ。

ただの1秒でも、悪い波動に支配されるもんか。

そうやって、誰よりも波動を気にかけているんです。

なぜなら、私はこの世界に波動の影響を受けないものはないことを知っているから。波動さえ押さえておけば、人生楽勝なんだってことをわかっているからね。

そして本当に、楽勝でこの完璧な人生をつくってきたんだ。

## 目指すのは生みの親である神様の波動

一人さんの思う最高の波動とは、幸せ波動です。

豊かな波動、明るい波動、楽しい波動……それらすべてを総じて「幸せ波動」と言うわけだけど、もっと言うと、幸せ波動とは「神的波動」なの。

地球が明るく照らされるのは、太陽が存在するおかげです。

じゃあ、その明るい光をつくったのは誰かと言うと、神様です。

地球という楽園をつくったのも、果てしなく広いこの宇宙をつくったのも、みんな神様だよね。

つまり、神様には太陽よりはるかに上を行く明るさがあり、宇宙より広く、深く、強い力があるってことになります。


神様には、どんなものでも現実に生み出せる、最高の波動があります。

私たち人間はもとより、動物も、自然も、起きる現象も、そのすべてのはじまりは、神様の粒子、神様の波動なんだよ。


子は、生みの親である母が大好きで、いつまでもそのぬくもりを求めるものです。

それと同じで、私たち人間にとっていちばん居心地のいい波動は、生みの親である神様と同じ波動になることです。

だからちょっとでも神的波動に近づきたいし、それが最高の幸せになる。

神的波動になることは、いわば「生きる喜び」そのものであり、私たちが永遠に目指し続ける理想の境地とは、神的波動になることなんだ。


言うまでもなく、神様とは万物の創造主です。

万能で完璧な存在の神様にしてみれば、人ひとりの人生を変えることなんて赤子の手をひねるよりたやすい。

神的波動に近づくというのは、そんな神通力《じんつうりき》を手にするのと同じなんだよ。人智を超えた能力を手に入れられる。

**神的波動に近づけば近づくほど、人生は笑っちゃうぐらいあっさりうまくいくものだし、簡単に幸せになるのは当たり前なんです。**

じゃあ、その神的波動に近づくにはどうしたらいいんですかって言うと、神様みたいな、明るい波動になればいいわけです。

そして明るい波動になるには、機嫌よくすればいい。

波動ってね、簡単に言うと「その人から出る雰囲気」なんだよ。

機嫌のいい人は、見るからに明るい雰囲気があるし、楽しそうで幸福感にあふれているでしょ？　そこを目指せばいいんだよね。

明るい雰囲気が幸せ波動の証《あかし》であり、神的波動そのものなんだ。

# 明るいのはふわっと軽い。暗いのは重い

この世で幸不幸を分ける条件は、ただ1つ。

機嫌のよし悪《あ》しであると、一人さんは思っています。

波動を自在に使いこなして、人生をより豊かで充実したものにするには、とにかく自分が機嫌よくいればいい。さっきも言ったように、機嫌がよくなれば、勝手に明るい雰囲気になるからね。

笑っていたら、それだけで神的波動になっちゃうの。


1つ、簡単な質問をしますね。

みんなは、明るいのと暗いのとでは、どちらが幸せなイメージだと思いますか？

多くの人はたぶん、明るい方にふわっと軽い印象を受けるんじゃないかな。

それに対し、暗いのは重くて下に落ちる感じがするだろう。

明るい太陽が地上を照らせば、視界は良好で歩きやすいよね。

もし足元になにか障害物があっても、明るければすぐにそれが目に入るし、簡単によけられます。

いちいち障害物に気を取られないから、仕事でもなんでも、やるべきことがあればそっちに集中できるだろうし、そのぶん結果にもつながりやすい。

悩むことなく、軽やかに生きられるよね。

自分のレベルだって、スムーズに上がっていきます。

それに対し、光のない真っ暗闇では、ほんの数センチ先すらよく見えません。足元に石ころでもあろうものなら、躓《つまず》いて転んじゃうかもしれない。

闇を進むのは、常に危険と隣り合わせです。それってものすごいストレスだし、不安や恐怖に支配されちゃうよね。

手探りしながら慎重に進まなきゃいけないとなれば、それ以外のことに意識を向ける余裕なんて持てるはずがありません。ほかにやるべきことがあっても、まず集中できないだろう。

がんばっているのに、転んだり、ぶつかったり……。生きてるだけで苦しいの。

だから、「明るい世界に進むんだよ」って一人さんはいつも言うわけです。

闇の住人でいる限り、どんなに努力しても苦労ばかりで報われないんだよ。がんばってもがんばっても、実りにつながらない。こんなつらい人生ってないよな。

**でも、ずっとそんな状態だった人でも、明るい世界に行けば途端に生きることがラクになる。**

驚くほど人生が軽やかになるし、今までみたいに努力なんかしなくても、ガンガン成功しちゃうんだ。豊かになってくる。

それには、あなたが笑顔になるしかないんです。

明るい世界で生きるためには、1分でも、1秒でも、機嫌のいい時間を増やすことが大切だからね。

笑顔が苦手な人は、「ほかに幸せになれる道はないんですか？」って思うかもしれないけど、これだけは避けて通ることができません。

というより、ほかのことをがんばっても結果にはつながらないんだよ。

だったら、確実に結果が出ることにだけ力を注いだ方がいいんじゃないかな。

## 「上気元」で自分中心の世界になる

人の出す明るさとは、まず笑顔です。

そしてその笑顔は、機嫌がよくなければ出てきません。

ブスッとしながら笑顔になりましょうと言ったって、それは無理なの。ふて腐れながら笑っても、怖いだけだよな（笑）。

機嫌がよくなきゃ、本当の笑顔にはならないんです。

一人さんは、機嫌のいいことを「上気元《じょうきげん》」と言います。

気持ちが元気で明るいのが機嫌のよさだから、上機嫌と書くより、上気元という字を使いたくて。

こっちの方が、文字の見た目からして「めちゃくちゃ機嫌いいですよ！」っていう、明るく弾《はじ》けた印象を受けるでしょ？


**上気元でいることをキープし続けるには、自分で自分の機嫌を取ること、自分を大切にしてあげることを忘れちゃダメなんです。**


自分を可愛がることで、上気元になれるんだよね。

だからあなたは、あなたの「好き」を大切にして、自分に楽しいことをいっぱいさせてあげなきゃいけない。

これができたら、上気元でいることは簡単にできます。

嫌なことを我慢したり、苦しくても自分に逃げることをゆるさなかったりするから、機嫌よくいられないんです。

そうやって歯を食いしばることが機嫌を悪くし、さらには波動を下げている。

**あなたが苦しむと、あなたの波動は「苦しみの波動」になります。**

**そんな波動が幸せを運んでくることは、まずありません。**

人間には、感情があります。

嫌なことがあれば誰だって気持ちが沈むし、それは一人さんだって同じです。なにが起きても心がざわつかない人なんて、この世にはいません。

だからといって、心が揺さぶられるたびにクヨクヨ悩んだり、人のせいにして文句ばかり言ったりしていても、波動はどんどん下がるだけだよ。

その結果、ますますうまくいかないっていう現実になっちゃうんです。

一人さんに言わせると、つらいことがあったときほど「上気元」を思い出さなきゃいけない。

落ち込むことがあっても、早く立ち直れば、そのぶん波動は下がらないでしょ？

つまり、それ以上、現実が悪くなることはありません。

落ち込んだまま波動までズドンと下げちゃうと、そこから再び波動を上げるのはすごく大変なんだよね。心が暗くなることがあるのはしょうがないけど、波動を大きく下げるような落ち込みだけは防いだ方がいい。

**上気元を忘れないでいると、それができるんだよ。**

何度落ち込もうがそのたびにリセットできるし、またそこから、ラクに上を目指せます。

上気元になれば、波動は確実によくなります。

神的波動にどんどん近づき、人間関係も、仕事も、成功も、ぜんぶ思い通りになるんだよ。お金だって、川の水がダムにたまるみたく入ってくる。

これが、この世界の真実です。

上気元で波動を自在にコントロールできれば、自分中心の世界が出来上がる。

どうだい。考えただけでワクワクするんじゃないかい？

第2章

# 幸せなお金持ちが伝授する上気元の流儀

# エネルギーのシャワーが浴びられるんだ

心が整うと、成功して豊かになる。幸せになれる。

よく、そんなふうに言われると思います。

心を整えるって聞くと難しく感じる人がいるかもしれないけれど、ようは、「自分の機嫌を自分で取る」ことを意味するんだよね。

上気元な時間が1秒でも長くなれば、それが「心が整った」状態であり、神的波動に近づいたと思ってかまいません。

成功や豊かさでいっぱいの幸せな人生になってくる。

上気元で波動が上がると、満足のいかない人生になるはずがないんだよね。

だって、そもそも上気元の状態はめちゃくちゃ気分がいいわけだから、そのこと自体が幸せでしょ？　幸せとは、「自分の心が幸福感で満たされた状態」を指すわけで、そうなっただけで大成功なんだ。

心が整えば、人間関係も豊かになり、自然と成功してお金も入ってくる。本当に、すべてを手に入れることができます。

機嫌よく生きるって、みんなが思う以上のメリットがあるんだ。

機嫌よくいるためには、自分を大切にして、可愛がって、好きなことを自由にさせてあげるんだよって第１章で言いました。

今までもそれが少なからずできていた人にとっては、さらに自分を甘やかせばいいだけなので、そう難しい話ではないと思います。

ただ、ずっと自分を後回しにばかりしていた人には、ハードルが高く感じられるかもしれないね。

**その場合は、まず「言葉を変える」ことをおススメします。**

言葉には、「言霊《ことだま》」という、その言葉が持つ意味と同じ波動があるから、それを借りたらいいんだ。

言霊は、波動の力。

ただしゃべるだけで、その意味と同じ強いエネルギーを全身で受け取ることができます。口に出して言えば、そのエネルギーをシャワーのごとく浴びられるの。

魔法の杖《つえ》みたく、自分の波動を変えてくれるんだよね。

たとえば、「明るい」という言葉には、明るい波動が宿っています。「楽しい」には、楽しいエネルギーがいっぱい詰まっている。

こういう波動の高い言葉を繰り返しつぶやけば、自分の波動も、その言葉の波動に近づいてくるわけです。

ほかにも、「うれしい」「安心」「幸せ」「豊か」「素敵」「面白い」「可愛い（カッコいい）」「最高」みたいな、聞く人がいい気分になる言葉には、どれも明るいエネルギーが宿ります。

こういう言葉を、積極的に使ってごらんよ。

**何度も言っているうちに、本当に機嫌よくいられるようになるし、言葉通りの明る**

**い現実がつくられていくから。**

いつも自分に「可愛いね」って言えば、不思議と見た目まで可愛くなり、周りからも大事にされて可愛がられます。

今日も最高だなって毎日自分を褒《ほ》めてあげたら、最高の自分に誇りが持てるようになるし、人からも「あなたって最高！」と言われるようになる。

こういう人が、自分を好きになれないはずがないでしょ？　素敵な自分を、可愛がって大切にしたくなるよね。

言葉の力を借りたら、簡単に上気元でいられるようになるんだ。

## 全員トクすることをなぜ避けるんだい？

一人さんが今いちばん好きなのは、**「だんだんよくなる未来は明るい」**という言葉です。この言葉を意識しているだけで、心が解放されるんだよね。

だから今の私にとっては、「だんだんよくなる未来は明るい」が最強にツイてる言葉だし、この言葉が私の波動をいちばん上げてくれます。

なぜかと言うと、自分が好きな言葉からは、そこに宿る波動を余すことなく受け取れるからだよ。

言葉の持つ「いい気」を、１００％浴びられるの。

これは言葉に限った話じゃなくて、「好きなこと」「好きなもの」はぜんぶ、自分の波動を爆上げしてくれます。

というより、波動が上がるものだから、本能的に惹《ひ》きつけられるんだね。

理由はわからないけど好き。無性に気になる。

こういう、自分の意思を超えたところで湧き上がる「好き」の感情は、あなたの魂（神様にもらった命）がそれを求めているからです。

**魂からの、「ここにいると波動が上がるよ」「これをするといい波動になるよ」っていうサインなの。**

好きな場所へ行き、好きなものを食べ、好きなものを手に入れ、好きな色やデザインのファッションを楽しむ。

あなたの住む世界を、自分の「好き」でいっぱいにするんだよ。

我慢をやめて「好き」を優先すると、上気元でいられます。波動が右肩上がりによくなり、最高の星回りになっちゃうんです。

ところが多くの人はそのことをわかっていなくて、自分を後回しにしちゃうんだよね。せっかくの「好き」を、自ら封印してしまう。

好きなものを食べなって言えば、「好きなものばかり食べると栄養バランスが崩れませんか？」って心配したり。

もちろん、それも一理あるだろう。健康のことを考えたら、いろんな栄養をバランスよく摂《と》るのがいちばんだよね。

ただ、それを重視し過ぎて好きなものを我慢するのも違うと思います。

本当は好きなのに、添加物が体に悪いとか否定しながら食べたり、食べるのを我慢したりするのは、心の健康という意味ではあまりよくない。

**食品だって、あなたがそれを好きだということは、そこにあなたを幸せにする波動があるんだよね。** あなたに必要なエネルギーとか、栄養素がある。

第一、好きなものを食べると気分がいいでしょ？　好きなものを、好きな相手と食べるときほど楽しい時間はないし、大きな幸福感が得られます。

そのこと自体、波動がすごく上がるんだよね。

波動がよければ、ちょっとぐらいの添加物で体がダメージを受けることはないと思います。いい波動は、健康な体づくりにも寄与するものだから。

自分より人を優先するのが正しい。自分に我慢させるのは当たり前。

そんな考えでいると波動が下がるだけで、いくら人を優先しても、相手のためにすらならないんだよね。

**だって、あなたの低い波動は周りの人にも大きく影響するから。**

低い波動は、人の波動まで引っ張っちゃうんです。

人のためを思えばこそ、まず自分から幸せにする。

この世界は、それが鉄則です。

あなたが神的波動になれば、その波動で周りの人まで幸せになるんだよね。あなたはもちろん、ほかの人も、誰ひとりとして損をする人はいません。

全員トクすることなのに、どうしてそれを避けるんだい？

という真実を知ると、今まで自分がどれほどおかしなことをしていたか、よくわかると思います。

## 山も谷もない。あるのは天国だけ

明るい言葉には、明るい波動が宿っているように、暗い言葉、否定的な感情には、やっぱりそういう波動があります。

人生を「山あり谷あり」「人生行路難《こうろかた》し」などと表現することがあるけれど、こういうのも、どう受け止めるかでそれが自分の波動になるんだよね。

つまり、人生にこうした言葉通りのイメージを抱いている人には、山だの谷だの、苦労が次から次に出てくるわけです。

その点、一人さんは人生を**「山なし谷なし」「人生行路易《やす》し」**だと思っているし、それを疑ったこともありません。

私の人生にあるのは、天国だけです。

だから本当に、斎藤一人の行く道には楽しいこと、うれしいこと、感動すること、奇跡みたいなことしか出てこないんだ。

いつ、いかなる場面でも、暗い波動の方が正しくなることはありません。人の生死にかかわることですら、明るい波動が絶対的に正解です。

大切な人が亡くなったときだって、泣きながらも「また天国で会おうね」と笑顔で見送るのと、悲しみに暮れたまま立ち直れずにいるのとでは、その後の未来が大違いなの。

それに、亡くなった人からしても、笑顔で見送ってもらう方がうれしいに決まっています。自分のせいで大切な人が泣いてばかりだと、安心してあの世に旅立てないんじゃないかな。


波動を活用すれば、これほど強力な味方になるものはありません。

だけど間違った認識で波動の力を甘く見ると、悪いエネルギーばかり受け取ってしまうことがある。

脅《おど》したいわけじゃないんです。

自分にうんと都合よく波動を使って、みんなが幸せになればいいなぁって。私はそう思っているだけなの。

信じるなら、楽しくて明るいこと。

暗い言葉や話が出てきても、明るい面を探したり、聞き流したりすればいい。

それであなたの人生も、行く道、進む道、ぜんぶ天国になるからね。

# 真面目だけじゃ波動がジメジメするよ

日本人は真面目な気質の人が多く、全体的に、とても信頼のおける国民性です。

外国やなんかでは、交わした約束を簡単に反故《ほご》にしちゃうところもあるけど、日本ではそんなこと滅多にないんだよね。

一人さんは長いこと日本で商《あきな》いをやらせてもらっていますが、これほど安心して商売ができる国はありません。あらゆるやり取りが、本当にスムーズなの。

ただ、真面目が度を越すと、せっかくの長所が短所になりかねないんだよね。行き過ぎると、「まじめ（真面目）ジメジメ」で波動が暗くなっちゃうの。

ジメジメって陰気な印象だけど、そのイメージ通り、波動がジメッとしてくる。

じゃあどうすればいいんですかって言うと、面白くない真面目にならないようにすればいいんです。

真面目過ぎるのはよくないって言うと、「わかりました、真面目はやめます！」と極端なことを言い出す人がいるの。

だけどさっきもお伝えしたように、真面目であることは素晴らしい。それを根こそぎ切り捨てちゃうなんて、こんなにもったいないことはないよね。

というか、根が真面目なんだから、やめようったって無理じゃない？（笑）

真面目な人が真面目をやめようとすると、かえってそれがストレスになり、むしろ波動を下げちゃうんです。

真面目は真面目でも、「最高にいい真面目」というのがある。

それは、楽しい真面目、面白い真面目です。

たとえば、一人さんみたく女性が大好きで、ふとどき不埒《ふらち》な真面目とかさ（笑）。

**真面目が行き過ぎてしまう人のいちばんの問題は、自分をないがしろにするところなんです。人のことばかり優先し、肝心の自分をいたわり忘れるのがまずいの。**

自分に自由をゆるさない、ガチガチの真面目人間になっちゃってるところが改善ポイントだから、真面目で誠実なのはそのままに、ちょっと抜け感やスキみたいなものを取り入れたらいいいんだよね。

いや、あなたが「私は真面目一徹の自分が好きです」「真面目だけが趣味」って言うのなら、その道を突き進めばいいいんです。真面目でいることが心地よければ、それを貫くことで波動は上がるから。

だけど一人さんの経験で言えば、そんな人は見たことがない。

人はみんな自由を求めるものだし、ふとどき不埒なことにも、たいていは少なからず興味があるはずだよ（笑）。

だったら、それを隠さず自分の好きなように生きたらいいいんです。真面目の素晴らしい部分はそのままに、自由気ままに遊んでごらん。

楽しいテンションで振動数が上がり、劇的に神的波動になっちゃうよ。

# 影響を受ける気がなければ、負けません

弱肉強食という言葉があるように、この世界では、強いものが栄えるのがふつうです。波動のようなエネルギーについても、弱い方が、強いエネルギーの影響を受けやすいという一面はあると思います。

でもね、一人さんの持論を言えば、

**「影響を受ける気がなければ、どんなに強い波動が出てきても負けない」**

というのもまた真実なんだよね。

見た目が強そうだからって、強い波動の持ち主とは限りません。また、華奢《きゃしゃ》で弱々しい印象の人が、驚くほど強い波動を出していることもある。

ボクシングだってさ、ふだんはおとなしそうに見えても、ひとたびリングに上がる

とめちゃくちゃ強い選手がいるじゃない。逆に、おっかない顔で威嚇《いかく》ばかりしている選手ほど、弱くてズッコケたり（笑）。

もちろん、見た目と波動が一致しているタイプもいるけれど、そうじゃないケースもたくさんあります。外見も波動も、人それぞれなんだよね。

一人さんよりパワフルな波動を持っている人は、世の中にたくさんいると思います。だけど私は、誰のどんな波動にも引っ張られません。

波動の勝負では、一度だって負けたことがないの。

それは、私が誰よりも明るい波動を出しているからにほかならないんです。

**波動の勝負は、強いか弱いかで決まるものじゃない。どちらの方が明るい波動を出しているか、そこなんだ。**

もちろん、相手がいい波動を出していたら、その影響は大いに受け取ります。

相手のおかげでこちらの波動はさらに上がるし、こちらもいい波動をお返しすれば、相手だって喜ぶよね。お互い、メリットしかない。

だけど嫌なやつが出てきたなら、「おまえの波動は受け取らないぞ」って即座に拒否です。

相撲《すもう》の取り組みのごとく、明るい波動で場外（自分とは関係のない別の世界）へ押し出しちゃうね（笑）。


このように自分に影響を受ける気がなければ、相手がどれだけ強い波動を出してこようが、まったく関係ありません。

強い波動に負けてしまうのは、あなたの波動が弱いせいではなく、明るさが足りないせいなんだよね。

自分を可愛がらないで、我慢ばかりさせている。

自分にダメ出しばかりしている。

自分の「好き」にふたをして、見えなくしている。

波動が明るくないということは、こういうのがあるんだと思います。


**自分に好きなことをする「自由」をゆるせば上気元になり、波動は勝手に明るくな**

**ります。**

そうすれば、たとえ悪魔みたいなやつが出てこようが、強烈に明るい光で簡単に追い払えるんだよね。もっと明るい光になれば、嫌なやつすら寄せつけなくなる。

波動は、同じような相手を引っ張ってくる性質を持っています。闇の住人は、光の世界に足を踏み入れることができないんだよね。

あなたの波動が明るくなればなるほど、嫌なやつは周りから消え、明るくて愛のある人だけが残るよ。

## 小さな「好き」から挑戦すればいい

自分に我慢させない。

好きなことを自由にさせる。

これらのことを、大げさに考える必要はありません。

お金がたくさんかかることを考えたり、会社を辞めたり、清水《きよみず》の舞台から飛び降りるようなことをしたりする人がいるんだけど、そんなことじゃないんです。

まずは、小さな一歩を踏み出せばいいの。

跳び箱でも、経験のない人がいきなり10段に挑戦しようったって、跳べるわけないでしょ？　勇気を出して挑戦しても、転んで怪我《けが》をするとか、うまくいかない可能性の方が高い。

はじめてのことは、１段からスタートして、クリアするたびにちょっとずつ高さを上げていくのが当たり前です。

それと同じで、自分に我慢をやめさせることも、自由をゆるすのも、簡単にできることからやってみるんだよね。

初《しょ》っ端《ぱな》から大胆に動いてしまうと、手痛い失敗で心が折れちゃうよ。

具体的に言えば、たとえばあなたは赤が好きだとするじゃない。で、友達と洋服を買いに行ったとき、「紫が似合うね」「紫の服にしたらどう？」って言われたとします。

あなたが自分の「好き」を大切にしていなかったら、こういう場面ですぐ人の言うことを聞いちゃうの。赤を選ばないで、大して好きでもない紫を選んでしまう。ところが、本心では赤い服を着たいわけだよ。気持ちと現実に、小さなギャップが生まれる。

我慢によって、大なり小なり不満が生まれます。

そんなちっちゃなことで……、そう思うかもしれません。

でもね、1つひとつは些細《ささい》なことでも、それがいくつも積み重なれば、大変な不満になります。そしてその不快感で、機嫌が損《そこ》なわれる。

だから私は、人の言うことなど聞きません（笑）。もし一人さんだったら、いくら紫を推《お》されても赤を選ぶよ。

**小さなことだから妥協するのではなく、小さなことだからこそ、絶対に曲げない。**

日常とは小さなことの繰り返しで、大きなことなんて、一生のうちに数えるぐらいしかないいんだから。

それに、些細なことでも我慢ばかりしていると、我慢癖がついちゃうよ。いざ大きな決断が必要な場面になっても、自分らしい判断ができなくなるの。

人間、慣れないことは簡単にできません。

ささやかな日常を大切にし、低い跳び箱を繰り返し跳び続けてきたからこそ、ちょっと高い跳び箱が出てきても思い切って跳べるし、成功もする。

そしたら、次はもっと高いのにだって挑戦できるし、やがて自分でも驚くような結果を残せるんじゃないかな。

## 足りない水は差し出せないよね

砂漠にいて、持っている水筒に水がちょっとしか入っていなかったら、人から「水を分けてもらえませんか？」と頼まれても困るよね。

自分のぶんすら足りていないのに、人にあげる余裕なんてない。

だけど、目の前にたっぷり水をたたえた井戸があれば、「どうぞどうぞ」って水をあげられるんじゃないかな。

自分の水筒がいっぱいになり、さらにあふれるほどの水があるわけだから、こぼして捨てるぐらいなら差し上げますよって、喜んでおすそ分けできると思います。

真のやさしさとは、こういうイメージです。無償の愛なの。


自分をいっぱい可愛がると、心が愛で満たされます。

さらに愛が大きくなると、抱えきれずあふれ出すわけだけど、それを欲しい人がいれば気前よく差し出せるよね。

あふれ出してしまった愛を誰かにあげても、自分の心が乾くことはない。むしろ、愛が無駄にならずに済んでよかったという、喜びすら感じるんじゃないだろうか。

だから見返りなんて求めない。

相手の笑顔が見られただけでうれしいし、そのおかげでますます自分の愛が大きくなります。

見返りを求める人って、自分が満たされていないんだよ。

心に愛が足りてないから、「こっちは疲弊しながら気遣ってあげたのに、なにも返してくれないの？」と思うし、期待したような見返りがないと不機嫌になる。

ハッキリ言って、こんな人から愛をもらったって迷惑なんです。恩着せがましく愛の押し売りをしてきたうえに、お返しまで求められちゃたまんないよな。

いちばん大事な自分につらく当たり、心が追い詰められた状態で出す親切は、往々にして相手の迷惑になるんだ。


誰かによくしたいと思うのなら、まず自分から幸せにするしかありません。自分にゆとりがなきゃ、誰かにやさしくすることはできないの。

でね、自分を可愛がって上気元になると、周りの人も勝手によくなるという事実があるんです。

意識的になにかしてあげようと思わなくても、あなたがただそこにいるだけで、周りじゅうが幸せになるっていう現象が起きてくる。

あなたが神的波動になれば、その波動が周りにも影響するからね。

だから、たとえば「子どもが引きこもりで困っています」「会社に愚痴ばかり言う人がいて憂鬱です」みたいな悩みを持っている人なんかも、相手をどうにかしようと思わなくていいんです。

なにより効果的なのは、あなた自身の波動を上げることだよ。

あなた自身が自分を愛し、大切にして上気元になればいい。それで解決できないものはないんだ。

## 全力で自分の味方にならなきゃいけないよ

落ち込んだときには、できるだけ早く機嫌を取り戻すこと。そしてそれには、自分で自分の機嫌を取ることが欠かせません。

でもね、このときに1つ、忘れないでほしいことがあって。

**気持ちが沈むのは悪いことじゃない。これを大前提にしてもらいたいんだよね。**

早く機嫌を直そうとするあまり、落ち込むこと自体を否定する人がいるの。でもそれをやっちゃうと、自己否定に走ってしまいます。

すぐ落ち込む自分は情けないとか、自分の器が小さいせいだとか。こういう考えが、いちばんダメなんです。

あなたは、替えのきかない大事な人です。

この世界にたった1人の存在であり、あなたにしかできないことがある。あなたがいるおかげで、幸せな気持ちになる人がいるんだよね。

**そんな大事な自分が落ち込んじゃうぐらい、嫌なことがあったんだよ。滅入るのは当たり前で、それを責めちゃいけません。**

こういうときは、「わかるよ」「つらいね」って、まず自分の気持ちに寄り添ってあげたらいいんだよね。

嫌なことがあって友達に相談したとき、相手から「それはあなたが悪い」とかって責められたら、傷口に塩を塗られるみたいな苦痛を感じると思います。

たとえ自分に非があったとしても、そんなのは誰よりもいちばん自分がわかってるんだよな。わかっていても、自分ではどうにもならず苦しんでるわけでしょ？

なのに追い打ちをかけるように「おまえが悪い」なんて言われたら、為《な》す術《すべ》がないじゃない。


ということを、あなただってわかっているはずなの。そして、あなたが友達から相談を受けたときには、きっとやさしい言葉をかけていると思います。

ところが、自分のこととなると急に厳しくなる。それっておかしいよな。

**自分に厳しいのは当たり前だと思うかもしれないけど、一人さんに言わせると、自分にこそやさしくしなきゃダメなんです。**

自分にとって、いちばん大事なのは自分です。いつもがんばっている自分をもっと褒めてあげるべきだし、傷ついたときには、心に寄り添い、受け入れ、認めてあげてほしい。厳しくお尻を叩《たた》いてばかりなんて、自分が可哀《かわい》そうだよ。

自分の心を誰よりも理解できるのは自分であり、自分以上に自分を大切にできる人はいません。

この世界で、自分をとことん可愛がってあげられるのは自分だけなんだから、たとえ世界じゅうを敵に回しても、自分だけは自分を見捨てちゃいけない。

全力で自分の味方になってあげてください。

# 第3章

# 運を動かすのは目に見えぬ存在なんだ

# 波動は顔を見たらわかるからね

機嫌のいい人、悪い人というのは、だいたい見ただけですぐわかるんです。つまり、人の波動もおおよそ見た目でわかるようになっている。

笑っている人、楽しそうな人、親切な人からは、間違いなくいい波動が出ていま
す。

イライラしたり、めそめそ泣いていたり、苦しんでいたり、そういう不機嫌な人から明るい波動が出るはずがないよ。

波動がいちばん出るのって、顔なんです。

前に、「手を触って温かい人は、波動もあったかいでしょうか？」みたいな質問をもらったこともあるけど、わざわざ手なんか触るまでもない（笑）。

もしかしたら手を触って波動のよし悪しがわかる人だっているかもしれないけど、顔を見たらわかるんだから、それで判断すればいい話です。

生まれたばかりの赤ちゃんなんかは、まだうまく表情を変化させることができません。そういう場合はどうやって機嫌のよし悪しを見分けるんですかって思うかもしれないけど、むしろ赤ちゃんはわかりやすいんじゃないかな。

だって、赤ちゃんはちょっとでも不快だと、泣いてお知らせしてくれるでしょ？　オムツが濡《ぬ》れたり、お腹が空いたり、そんな不快感があるときには、波動もちょっと下がるかもしれないね。でも、不快の原因を取り除いてあげたら泣きやみます。それが機嫌よくなったサインだから、ある意味、大人より見た目で判断しやすい。

大人だろうが子どもだろうが、観察していれば、相手がどんな波動でいるのか、おおざっぱにわかるようになっているんです。

もうちょっと深い話をすると、**大人の場合は、自分の言動によって今の波動が決まります。**

自分を可愛がって笑顔になる、みんなの心が温まる言葉を使う、自分にも人にも親切にする……、みたいな言動が増えるほど波動も上がる。その逆もまた然《しか》り。

その点、自我がしっかり確立していない子どもの場合は、すべての言動は動物としての本能によるもので、自分の意思で波動がつくられるわけではありません。

じゃあ、子どもはみんな一律に同じ波動なんですかって言うと、一人さん的にはそうではないと思うんだよね。

細かいことまではわからないけど、ある程度の年齢になるまでは、子どもの波動って「前世から持ってきた状態」ではないだろうかって。

つまり、その子が前世を終えるときにどんな波動だったかにより、今世、生まれてきたときの波動が決まるのだと考えているわけです。

# 光の玉から教わった不思議なこと

人は、前世からの波動を持ってきていると言いました。これが意味するのは、人生は1回きりのステージじゃないってことなんだよね。

人生はひと続きで、私たちは何度も生まれ変わりながら成長します。それを「生き通し」と言うんだけど。

ようは、私たちはこの世に繰り返し生まれることでちょっとずつ経験値を上げ、一歩、また一歩と神様に近づいている。

このことを、私は幼いときから知っています。

今から言う話は、信じなくてもいいからね。

あれは一人さんがまだ小学校へ上がる前のことだったと記憶していますが、ある晩、ふと眠りから覚めたの。

起きているのか、寝ているのか、よくわからないぼんやりとした意識のなか、目の前にまぶしいものが浮かんでいました。

まあるい、白くてまぶしい光の玉です。


なんだろう……？

不思議に思っていると、光の玉が大きく膨らみながらすうっと近づいてきて、あっという間に一人さんをのみ込んじゃった。

すっぽりと光のなかに入った私は、驚いたんです。

なぜって、光に包まれた瞬間、それまでずっと疑問に思っていたことの答えがぜんぶわかったから。

一人さんって、小さいときから変わっていて、
人はなぜ生きているの？
みんなどこから来て、死んだらどこへ行くの？

そんなことを、毎日ぐるぐる考えていたんです。でも、いくら考えても自分で答えを見つけることができない。

私は生まれてこのかた悩みらしい悩みを持ったことがないんだけど、唯一、悩んだことがあるとするならば、あの頃の、答えに行き着かない悶々《もんもん》とした状態だろうね。

それぐらい頭を悩ませていたことが、光の玉に包まれた瞬間すべてわかった。

人の魂は生き通しで、肉体は死んでも、魂まで死ぬことはない

魂は、この世とあの世を永遠に行ったり来たりしている

ということが。

この世で肉体が死を迎えたときには、魂は神様のもと（あの世）へ還《かえ》り、そしてまた、神様から別の肉体をもらってこの世に生まれてくる。

そうやって何度も生を享《う》け、地球という場所で酸《す》いも甘いも経験しながら、魂を成長させたいのが人間なんだなぁって。

神様の波動に近づくために、身をもって修行にいそしむ。

肉体をもらってきた以上、ここで精一杯学ぶのが、それぞれの使命（天命）なんだよね。

白い光の玉は、その後も折に触れ、何度も出てきました。

そしていろんなことを私に教えてくれました。

最後に見たのは、たぶん7～8歳ぐらいだっただろうか。それから今にいたるまで、あの光は出てきていません。

と思うと、わずか数年間の出来事だったわけだけど、本当に大事なこと、この世の本質は、その間にぜんぶ教えてもらったんだろうね。

その証拠に、光の玉に教わったことを自分軸として生きた結果、今の幸せな一人さんがある。

目に見えぬ存在に生かされ、成功や豊かさをもらったのだと、深く感じずにはいられないのです。

# あなたはいつも守られているよ

これもかつて光の玉に教わったことの1つなんだけど、人はみな、

「守護霊」

「指導霊」

「龍神様」

という、三柱《みはしら》（神様のことを一柱《ひとはしら》、二柱《ふたはしら》と数えるので、ここでもそのように表現しますね）に守られています。


言ってみれば、3人の「パーソナルトレーナー」がいてくれるようなもの。しかも、それぞれ図抜けた力を持っているんだよね。

トレーナーたちは全員、あなたのことが大好きだし、我が子のように大切に思って

くれています。

誰よりも幸せになってほしくて、全力で応援してくれる。道を誤らないように、守ってもくれます。

守護霊、指導霊、龍神様について詳しく知らない人もいると思うので、それぞれについて簡単にお伝えしましょう。

【守護霊】

多くは、自分のご先祖様といったソウルファミリー（魂の家族）の1人がついていて、あなたが天寿をまっとうできるよう、生涯にわたり災難から守ってくれます。

【指導霊】

仕事や勉学などで培《つちか》う、技術や能力を向上させてくれる存在です。あなたに必要な情報をベストタイミングで伝授してくれたり、必要な仲間のもとへ導いてくれたりと、さまざまなサポートをしてくれます。

自分の技能がレベルアップすると、それに応じたハイレベルな指導霊にどんどん交代するのが特徴です。


【龍神様】

神様の使いとして、この世とあの世を自由に行き来するのが龍です。守護霊のように、1人ひとり決まった龍がついています。

あなたが間違った道へ進んだときは、「そっちは違うよ」という神様のメッセージを持ってきてくれるし（学びが隠された出来事が起きる）、正しい道へ進めば、神様からのご褒美《ほうび》を運んできてくれます。


自分で意識しなければ、こうした存在を感じることはできません。

でも、**目に見えなくても「そばにいてくれる」と信じ、ともに生きている感覚や感謝の気持ちを持つと、トレーナーたちはすごく喜んでくれます**。ますます、あなたの力になってくれる。

誰だって、好きな相手に意識してもらえたらそれだけでうれしいよね。それは、神様やトレーナーだって同じなんだ。

## 上気元の土台があるから神的なプロになる

パーソナルトレーナーたちは、みんなあなたの笑顔を求めています。

あなたが上気元だと最高にうれしいし、その笑顔を見て、もっと幸せにしてあげたいと思ってくれるんだよね。

逆に、あなたが不機嫌だとすごく心配します。

そばにいるトレーナーまでつらくなり、その能力が十分に発揮できなくなってしまいます。


それだけではありません。

ブスッとした顔は、鋼鉄のシャッターみたく、自分を周りから切り離しちゃうんだよね。
不機嫌な場面ほどトレーナーの手助けが必要なはずなのに、あなた自身が下ろしてしまったシャッターのせいで、トレーナーはあなたに近づけなくなるんだよ。
いくら助けたくても、手出しができなくなる。

不機嫌な波動になればなるほど運気が悪くなるのは、見えない世界のこういう仕組みが大いに関係しています。
守護霊も、指導霊も、龍神様も、みんな明るい波動の持ち主。暗い波動とは相容れません。

**あなたがパーソナルトレーナーの協力を仰ぐには、上気元でいることが、最大にして唯一のカギとなるわけです。**

学びを深めたいとか、仕事を極めたいとか、そういうのはぜんぶ、上気元という土台があってこそ。機嫌よく学び、楽しく仕事をしなければ、神的なプロの道へ進むことはできないんだ。

ちなみに、指導霊は自分のレベルが上がるたびに交代すると言いました。

実はこれ、すごく面白くて、慣れてくると、「指導霊が交代した」と気づけるようになります。

もっともわかりやすいのは、自分の機嫌のいい時間がグンと増えたときだけど、仕事やなんかで「最近、俺も腕が上がったなぁ」「難しい挑戦だけどやってみよう」みたいな感覚が出てきたときも、まさに指導霊が交代して、次のステージに移ったと考えていいだろうね。


こういうのに気づけると、震えがくるほどワクワクします。単調だった日々が、上気元によって心地よい刺激や感動に満ちた世界に変わる。

その喜びでさらに波動が上がるという、相乗効果なんだ。

ちなみに一人さんは、自分には世界有数……いや、宇宙屈指の、最高に明るい指導霊がくっついてくれていると思います。私の波動が1つ明るくなると、もっと明るい指導霊が来てくれて、またさらに明るい波動を目指す。

それを積み重ねてきた一人さんだから、明るさにかけては達人級なんだろうね。

守護霊、指導霊、龍神様の力を感じれば感じるほど、守ってくれる存在への感謝も大きくなると思います。

その気持ちを表すにも、やっぱり笑顔なんだよね。

あなたが今以上に機嫌よくなれば、それがトレーナーたちへのいちばんのお礼になる。だからますます、人生を楽しむしかないよ。

## 龍の背に乗って次元上昇するんだ

一人さんはどんな神様も好きだけど、なかでもいちばん惹かれるのは龍神様です。

しかも私は、自分には八大龍王《はちだいりゅうおう》（もっとも格の高い龍神様）がついてくれていると確信しているんだよね。

科学を超越した感覚で、子どもの頃から「俺は八大龍王に守られている」と思っています。

一人さんの人生は、ふつうの人が聞いたら腰を抜かしちゃうほど、ツイてツイてツキまくっています。

納税日本一にしてもそうだし、何度も重い病気になりながらいつも治ってきたことも、孤独と無縁のあったかい人間関係も、ぜんぶ手に入れました。

私の「ああしたい」「こうしたい」という願いは、1つ残らず叶《かな》い続けています。

そんな奇跡の人生を、一人さんはどうやって自分のものにしたか。

私は、龍神様が絶えず次元上昇させてくれているのだと思っているんです。

次元上昇というのは、魂がよりよい世界へ引っ越しすることを意味します。自分が望む世界へ瞬間移動するわけです。

たとえば、会社の嫌な上司が異動になって目の前からいなくなるとか、転職に成功して収入が増えるとか、理想のパートナーができるとか。

こういうハッピーな現象が起きるのは、あなたの住む世界がよりよいものに変わった証なんだよね。

つまり、次元上昇したわけです。

これをお手伝いしてくれるのが、龍神様なの。

龍は神様の使いであり、この世とあの世を自由に行き来できる唯一の存在です。自在に次元を飛び越えられるから、神様の「この人を次元上昇させてあげましょう」という指示があると、すぐさま私たちの魂を別の世界に連れて行ってくれるの。

ただし、誰も彼もが龍の背に乗れるわけではありません。

**龍に次元上昇してもらうには条件があって、それが波動なんだよね。**

明るい波動の人だけが、龍の背に乗ることがゆるされます。

龍は、人間のように物理的な肉体を持たないので、私たちの魂を運ぶことで次元上昇させてくれます。さらに、軽やかな波動の魂しかその背に乗れないんだよね。重い波動の魂は、龍の背に乗っても落っこちてしまう。

空の雲をイメージすると、わかりやすいと思います。

雲は水蒸気だから、重いものを乗せると、雲を突き破って下に落っこちちゃうよね。水蒸気より軽くなきゃ、雲に乗ることはできません。

それと同じで、龍の背に乗れるのは軽い魂だけ。

**だから明るい波動なの。**

明るいって、「あ、かるい（軽い）」でしょ？

ふわっと軽やかなのが、明るい波動なんです。それも、上気元になればなるほど波動は軽くなります。

機嫌を整えて波動を上げたら、龍の背にはいくらでも乗せてもらえます。それこそ、ひっきりなしにポンポン次元上昇しちゃうってこともあるだろうね。

# 運のいい人、悪い人の決定的な違いって？

同じような考え方を持ち、似たような暮らしをしているのに、なぜか運に恵まれている人と、そうでない人がいます。

両者のなにが違って、どこで運の明暗が分かれるのか？

その最大の違いは、「思い」なんです。


運のいい人って、起きることぜんぶを自分に都合よく考えるんだよね。たとえ失敗しても、「俺は運がいいぞ」と思っている。

**何十回、何百回と失敗しようが、それを不運と結びつけることはないし、「また1つ、失敗の道をつぶせた」「これでまた成功しやすくなった」と考えます。**

一人さんがまさにそうで、私は自分の身になにが起きても、100％運がいいと思い続けます。

それでどうなったかと言うと、一人さんはたぶん、世界一、運がいい。本気でそう思うぐらい、私の人生はツキに味方されています。


かと思うと、世の中にはたった一度の失敗で「俺は運が悪い」「ツイてない」と決めつけちゃう人もいる。

こういう人を見ていると、いつも不機嫌で波動も低いんだよね。そして、言っちゃ悪いけど、はたから見てもやっぱり運が悪い。

機嫌の悪い人は、どうやったって運がよくなることはありません。

ただ、その人の運がもともと悪いわけじゃないの。**自ら、運の悪い道を選択しているだけなんだよ。**

なにかあるたびに「運が悪い」と決めつけるから、その思いが自分の波動になり、運の悪さを呼び寄せているわけです。

もしあなたが自分を「運が悪い」と感じるなら、今ここでその思考を変えな。機嫌よく笑って、自分は「運がいい」と思えばいい。

過去はどうあれ、思いを変えたら波動は変わるし、必ず運のいい人生になります。

機嫌のいい人ってね、世界のどこへ行こうが、その人のいる場所がいちばんのパワースポットになります。最高のツキに恵まれる。

極端な話、事件や事故で人が亡くなったところや、お墓といった場所ですら、縁起のいい場所になるんです。

どんな場所でも、上気元のあなたが足を踏み入れた瞬間に、その場が浄化されます。悪いものはぜんぶ消え去る。

後に残るのは愛だけだから、たちまちそこは愛の場所になっちゃうんだ。

## 魔法の剣があれば一発で闇を斬り裂く

自分の「好き」を大事にして機嫌よくしよう、上気元でいようと思っても、なかなかうまくいかない人がいます。そういう人に足りないのはなにかと言うと、あと少し、未来を明るく思う気持ちなんだよね。

困り事があって機嫌を損ねている人もいれば、特になにも困ってるわけじゃないのに機嫌が悪い人もいるけど、いずれにしても、先行きを暗く思うことが機嫌の悪さにつながります。

未来のことなんて誰にもわからないはずなのに、漠然とした怖さを抱えている。

テレビやインターネットに、不安になるような情報がたくさん流れているのも、その一因だと思うんだけど。


この世界は、なにも考えずにいると心が沈んでしまうことがたくさんあります。流れてくるニュースをぼんやり見ているだけでは、いつの間にか気持ちを持っていかれちゃうことがあるんだよね。

だからこそ、「自分だけは上気元でいるぞ」「絶対、笑おう」と思うことが大事なの。

意識的に、未来に光を見出す。

それが地球での修行であり、この修行に楽しく挑戦した人から幸せになります。


でね、なかなか未来を明るく思えない人は、言霊の力を借りたらいい。

## 「だんだんよくなる未来は明るい」

この言葉を、1日に1000回つぶやいてごらん。言霊パワーで、不安な気持ちがどんどん削り取られていくから。

「だんだんよくなる未来は明るい」。これは魔法の剣《つるぎ》みたいなものです。

不安や恐怖という名の闇が出てきたら、すかさず「だんだんよくなる未来は明るい」と唱《とな》えたらいい。たちまち闇が斬り裂かれるから。

**頭ではわかっていてもできないことって、単なる癖なんだよね。**思い癖が抜けてないだけだから、それを直しちゃえばいいんです。

たとえば歯を磨くとき、たいていの人は、いつも同じ場所から磨くと思います。磨き方が習慣として刷り込まれていて、無意識のうちに同じ手順通りに磨くんだよね。

それを変えるには、別のところから磨くという、新たな癖をつけたらいい。

はじめは意識的に新しい手順で磨かなきゃいけないけど、だんだんにそれが癖となってしみつき、当たり前の習慣になります。

波動を変えるのも、作業としてはこの程度のことなの。

貧乏波動のエサになる貧乏思考って、実を言うと、親の代やそのまた前から、代々受け継いじゃってるだけなんです。あなた自身にはなんら責任はないし、あなたに悪いところがあるわけじゃない。

だから自分を責めることなく、淡々と新しい思考の癖をつけていけばいいんだ。

1日1000回も「だんだんよくなる未来は明るい」を言ってるだけで、本当に思いは明るく変わってくるし、それとともに豊かな波動になります。

問題が出てきたとしても、そのことで機嫌が悪くなることは減るし、上気元が癖になる。そうすると不機嫌な自分に違和感や不快感が出てくるから、常に上気元でいようと思えるんだよね。

一人さんみたく、

**「どうせうまくいく。クヨクヨするだけ損」**

**「悩み苦しむことに意味はない」**

という大前提で生きられるようになりますよ。

# 問題解決は神様からの卒業証書

人にはそれぞれ、「今世、このことで学びます」という持って生まれた試練があり、それを学びきるまでは、同じような問題が何度でも起きます。

苦手な人に振り回されっぱなしでいると、どこまでもその苦労が続くことになるんだよね。

この場合の試練は、「やめてください」が言えるようになることだったり、嫌な相手から離れられるようになることだったり、人により違いはありますが、問題が起きたときはとにかく、「なにか学びがあるんだな」と思えばいいの。

試練とは、あなたがこの世に生まれる前に、あの世で神様と交わした「学びの約束」です。自分で「今世はこれを学びたい」と決めたことを神様に伝え、了承をもらったうえで、「しっかり学んでおいで」と送り出されたんだよ。

だからどんなに高い壁が出てきても、逃げることはできません。

逃げられないというか、壁は自分（あなたの魂）が望んできたことだから、そもそも逃げるという選択肢がないわけです。

魂は、試練に立ち向かって乗り越えたいんだよ。学びたがっているの。


**人は、この地球で試練を乗り越えることを楽しむために生まれてきました。そのことが腹落ちすると、問題に対する感覚ってまるで変わります。**


今まではつらいだけだった壁が、「どうすればこの壁を越えられるだろう」ってワクワクしてくるんだよ。

で、楽しく学んじゃうと、起きた問題はあっさり解決します。

学びのために起きた試練だから、大事なことに気づいてしまえば、もうその問題はあなたに必要ないでしょ？


問題解決は、いわば神様からの「よくできました」という卒業証書です。

みんなも経験があるかもしれないけど、さんざん悩まされたことが、どんでん返しで解決することがあります。なんだかよくわからないけど、完璧に丸くおさまった、みたいな。

こういうのは、まさに典型的な卒業証書だろうね。あなたがちゃんと学んだから、問題の存在理由がなくなった。

物事がうまくいかないときは、歯がゆい思いをすることもあります。

でもね、その不自由すら楽しみたくて、私たちはこの地球に生まれてきました。肉体のないあの世では、もどかしさや苛立ちみたいな感情も経験できないからね。

そんな視点も持って、がんばり過ぎず、苦しまず、ワクワクしながら試練に向き合えたら最高だと思います。

第4章

# 不可能を可能に変える神的波動

# 波動の色は「あなたが好きな色」

波動は目に見えないし、触ることもできません。だからその存在を実感しにくいわけですが、一人さんはこう思うんです。

五感で確かめられないことは、「第六感」で感じ取ればいい。

つまり、魂や心の目を通じてその存在に触れたらいいよねって。


たとえば、波動の色をイメージするのもその1つです。

私は、波動には人それぞれ色があると思っていて、たとえば一人さんのは金色だと感じます。

なぜかと言うと、私は金色がすごく好きだから。

金色は豊かそうな色だし、すごく華やかでしょ？　闇のなかでも光を失わない明るさがあります。

自分で言っちゃうけど、一人さんの生き方にぴったりなの。

自分の好きなものが波動を上げる。

そうお伝えしたように、**色の場合も、あなたの好きな色が自分のラッキーカラーであり、いちばん波動を輝かせてくれます。**

というのも、好きな色ってそもそもあなたの波動の色なんだよ。赤が好きな人は赤い波動、紫に惹かれる人は紫の波動を持っている。

自分の「好き」には、ちゃんとワケがあるんだね。

占いやなんかで、「この色にはパワーがあります」なんておススメされても、ピンとこないことってあるんです。そうすると、自分の感性が鈍いせいじゃないかと気にする人がいるんだけど、それは違います。

波動の観点から言えば、ピンとこない人がいるのはごく自然なことなの。その色が、あなたの波動とはまったく違う（好みじゃない）から、心が反応しないだけです。

もし占い師があなたの好きな色を提案していれば、間違いなくピンとくるし、喜んでその色を身につけようと思うだろう。

好きでもないものを無理に取り入れるのは、自分の気持ちを優先していないってことでしょ？　ということは、我慢の波動になっちゃうんだよね。

いい波動になりたくて身につけたはずが、かえって波動を下げてしまうわけです。

だから、人の言いなりじゃダメなの。自分の気持ちを大切にして、ちゃんと心の声を聞いてあげなきゃいけないんだ。

ちなみに、時を経ると好きな色が変わることもあります。昔はピンクが好きだったのに、最近は黄色ばかり目に入るとか。

これもごく当たり前の現象で、なんらかのきっかけで波動の色が変わることがあると、今度はその色が好きになるんだよ。

でもね、人間は変化するものだから、好みがどれだけ変わろうが問題ないし、死ぬまで好みの色（波動の色）が変わらない人もいていい。

なかには、いろんな色が好きな人もいる。もしかしたら、波動も虹色なのかもね。いろんな人がいるからこの世界は楽しいわけで、それぞれの違いは、単なる個性なんだ。決して、いい悪いの話ではありません。

大事なのは、今のあなたが好きな色を味方につけ、上気元でいることだよ。

## 不死鳥のごとく奇跡の回復を遂げてきた

心と体は、表裏一体と言われます。

そして確かにそう言われる通り、体に不調があるときは、心を整えることで体の調子までよくなることがあるんだよね。

心が重くなったときは、運動で体をリフレッシュしたり、栄養バランスを考えたりして健康的な生活にすると、やっぱり心のモヤが晴れやすい。

もちろん、自分でケアするだけで十分という意味ではなく、不調があれば、状況に応じて医学の力を借りることも大切です。

ただ、世の中には、

「どんな治療を受けても治らなかった体の不調が、自分の心と向き合って波動を上げたらウソのように回復した」

「体を動かしたら、ずっと手放せなかったうつ病の薬がやめられた」

なんて話も珍しくないんです。

心と体の両面にアプローチすることで、ふつうよりはるかに元気になりやすいのは確かだろうね。

ちなみに、一人さんも子どもの頃から病弱で、何度も命を落としかけました。

でも、病気のせいで心まで折れてしまったことはありません。体が痛むからって、その痛みに心まで持っていかれちゃうと、ますます痛みが増幅するだけだし、病状まで悪化することがあると知っていたからです。

病気に心を揺さぶられると、治したい、元気になりたいっていう気力まで奪われちゃうんだよ。すると当然、そういう波動になる。

弱気が、自分の未来を「病気が治らない」という方向に走らせてしまうの。

だから一人さんは、どんなに体がつらくても、病院のベッドから離れられなくても、心は自由に旅していた。旅好きの私にとって、いちばんの癒やしは空想旅行なんだよね。それで心を満たしていたの。

また、体調がいいときには、ほかの入院患者と楽しくおしゃべりもしたね。

これが笑っちゃうんだけど、一人さんがみんなとワイワイやってると、よその病室で「あの部屋へ行くと楽しいらしい」とかって噂《うわさ》になって。医者や看護師まで、ちょっと手が空くと「斎藤さん、今いいですか？」なんて遊びに来ちゃうわけ。

なんだか毎日、大勢に囲まれていたな（笑）。

一人さんの病室は、いつも賑《にぎ》やかで楽しかった。入院というより、遊びの合宿にでも来ているような気分でさ（笑）。

**みんなで笑いまくってるうちに、それぞれの波動は上がり、その波動がお互いに影**

**響し合った結果、病室は明るい波動でいっぱいになっちゃった。**

で、医者がびっくりするぐらい、私もほかの人も元気になっていくんだよね。まさに、龍の背に乗って次元上昇を繰り返したわけです。

結果、私はいつも不死鳥のように奇跡の回復を遂げてきました。

波動の力を借りれば、不可能が可能になる。私がそう信じるのも、わかってもらえると思います。

## 未来は明るいと信じられる心が悟り

私はずっと、みんなに「心を軽くしな」「体をゆるめな」と言い続けてきました。

その理由はさっきお伝えした通りで、心が軽くなれば体の調子だってよくなるし、体がゆるんでリラックスすれば、心までふわっと軽くなるからです。

心身ともに健《すこ》やかでいられたら、こんなに幸せなことはありません。

ただ、いきなり「心を軽くしな」「体をゆるめな」と言われても、いまひとつ要領がわからない人もいると思います。

特に今は、世の中が激変する真っただなか。不安定な気候だったり、世界情勢だったりで、心も体も緊張しやすいだろう。

**不安感で身構えると、人はどうしても固くなっちゃうんだよね。**生物としては命が最優先だから、自分の身を守ろうとして反射的に力が入っちゃうの。

多くの人にとっては、目の前の現象がすべてで、「今がいいか悪いか」で自分の機嫌も左右されやすいと言えます。悪い現象に心が引っ張られ、そのせいで不安になったり、怒ったり、虚無感に襲われたり。

こういうときに自分で心を軽くしようと思っても難しいし、自分でなんとかしようと思えば思うほど、心に負荷がかかって余計に苦しくなっちゃうんだよね。

だから、明るい言葉なの。

## だんだんよくなる未来は明るい
## ふわふわ
## 大丈夫

そんな軽やかな言葉を選んで言い続けていると、心なんて勝手に軽くなっちゃうよ。心が軽くなれば、体の力も抜けてゆるむ。リラックスできるんだ。

あとは、仕事でも勉強でも、がんばり過ぎないことだね。

疲れを感じたら、自分にしっかり休息を与え、好きなことをいっぱいさせてあげな。自分のケアを後回しにするのは絶対にダメだよ。

心と体がゆるんで軽くなれば、落ち着かない世の中の現象も、決して悪いことではないと思えるようになります。

今この瞬間だけを見たら、悪いことが続いているように見えるときもあるだろう。

でもそれも、これからますます明るい世の中に向かうきっかけであり、世界が一段と発展するために必要なことなんだと思えます。

悟りという言葉があるけど、それは神仏にしかできないことではありません。

この世界はだんだんよくなるという境地に行き着き、悪い現象を見ても、それに引きずられなくなることを意味するんだよね。

なにを目にしようが、未来は明るいと信じられる心が悟りである。

上気元で悟りを開けば、今どんな状態であろうと、これからどんなにいい世の中になるんだろうってワクワクすらしてくるよ。

## 神様と友達になれば運気は爆上がりなんだ

いい波動になるとは、神的波動に近づくことです。

人間はどこまでいっても神様にはなれませんが、一歩でも神様の波動に近づくために上気元でいると、神様からマルがもらえます。運気がどんどん上がっていくの。

それでもし余力があれば、「神様と友達になる」ことを意識してみたらいいんです。

神様と仲よくなると、波動の上がり方がハンパないんだよね。ふつうよりはるかに早く、神的波動を極めることができます。


神様と仲よくなることを、難しく考える必要はありません。

人間同士だって、親しくしたい場合は、相手の喜ぶ言動を意識するでしょ？　その人のかもし出す雰囲気を観察したり、好きなものを聞いたりしながら、ちょっとずつ交流を深めていく。だんだんに距離を縮めていくよね。

神様に対しても、それとまったく同じ感覚でかまいません。


**神様が喜ぶのは、あなたの上気元な姿です。神様にとっていちばんうれしいことは、私たちの笑顔なの。**

となれば、まずは今まで以上に機嫌よくいることだよな。

それと、神様独特の雰囲気やなんかは、神様のいる場所へ足を運ぶことでも感じやすくなると思います。

代表的なのは、神社だね。

日本にはたくさんの神社があり、ほとんどの人は、初詣などでお参りに行ったことがあると思います。神社へ行ったことがないという人がいないぐらい、ここは神様が身近な国なの。

それほど信仰心の篤《あつ》い人じゃなくても、「神社の空気感ってあるよね」なんて言うでしょ？　神社へ足を踏み入れたら、やっぱりそこには特別なムードがあるし、少なからず神様を感じるものです。

自然と背筋が伸びたり、清々《すがすが》しい気分になったり。それらは間違いなく、神的波動の影響だと思います。

神社へ行けば、いい気分になる。だったら、初詣だけじゃもったいないよね。

それに、もっと日常的に神社へ足を運べば、神様との距離だって縮まるんじゃないかな。

気楽な気持ちで訪ねてきてもらえたら、神様だってうれしいに決まってるよ。

いつも来てくれる人には、「お土産《みやげ》を持って帰りな」とかって、いいもの（幸運）をくれるかもしれないしさ（笑）。


別に、特定の神社へ行かなきゃいけないわけではありません。家や会社といった、あなたの生活圏内にある神社へ、気が向いたときにちょこっと行けばいいんです。

休日に足を延ばし、いつもより遠くの神社へお参りに行くのだって楽しいしさ。

とにかく、あなたが上気元でお参りできるのならどこでもいい。


**そうやって参拝を楽しんでいれば、神様の方からも「あなたと友達になりたい」と思ってもらえるだろうし、どんどん神的波動に近づきます。**

間違いなく、運気は爆上がりだろうね。

# かしこまった作法なんて気にしなくていい

神社と言えば、「二礼二拍手一礼(※)」や、帽子をかぶったままお参りしない、ノースリーブ（肩が出た洋服）は避ける、などの作法が気になる人もいると思います。

こうした決まり事を守らないのは神様に失礼で、いくらお参りしても神様と親しくなれないのではと、一人さんも質問をもらうことがあるんです。

結論から言えば、一人さんは神様に「決まり事を守りなさい」なんて教わったことはありません。たぶん、神様的にはそんな細かいことはどうでもいいんだね（笑）。

だから、作法だのなんだのを気にかけるより、気分よくお参りすることを考えた方がいいですよ。

自分なりに神様と心を合わせるようなイメージがあればそれでいいし、なにより楽しく、上気元で挨拶するのがいちばんなの。

神様がいちばんうれしいのは、あなたが上気元でいることだからね。


もちろん、これは一人さんの意見であって、「私は参拝のルールを守った方がいいと思います」って人は、そうすることがその人の正解なの。

決まり事を守りたい人に「守らない方がいい」と言いたいのではなく、常識とかルールが堅苦しくて楽しく参拝できないぐらいだったら、もっと気楽な気持ちでお参りしたらいいよねって。そういう意味なんです。

一般的な作法通りにする方がしっくりくる人もいれば、そうじゃない人もいる。どちらでも、楽しければマルなの。


そもそも、参拝の作法は人間がつくったものです。神様が大事だから、失礼のないようにマナーは守るべきだっていう、人間の立場で考えられたの。

神様を大切に思う気持ちの表れだから、それはそれで素晴らしいんだよ。

ただ、それを神様が強制するかと言うと、そんなことはありません。

ルールを忘れてしまっても、マナー通りにできない人がいても、まったく気にしないのが神様です。

細かな気遣いはできていなくても、上気元でお参りする人がいたら、神様は「いい人が来てくれた」って喜びます。

自分の子が笑うと親は可愛くてしょうがないように、私たちが上気元でいるのは、親である神様にとって本当にうれしいんだよ。

神様って、人間とは器の大きさがケタ違いなの。

すべてを受け入れる懐《ふところ》の深さがあるし、細かいことなんて言いません。近所のうるさ型ババアじゃないんだからさ（笑）。

その意味では、神社で引いたおみくじや、授かったお守りなんかの処分も、ルールにとらわれなくていいと思います。

授かった神社へ返納するのもよし。それが難しければ、別の神社で引き取ってもらったっていい。もちろん、自宅で処分してもかまいません。

あなたが上気元でいられたら、神様はすべてゆるしてくれますよ。

（※）はじめにお辞儀を2回（二礼）、手を2回打って（二拍手）からお祈りし、最後にもう一度お辞儀（一礼）をすること。

## 神的波動で感覚が研ぎ澄まされるよ

一人さんは、いい波動になるだけですべてうまくいくと思っているし、仕事でもなんでも成功すると信じています。

機嫌のいい人とブスッとした人がいたら、誰だって仕事相手には、上気元の人を選ぶし、いくら能力があっても、不機嫌で感じの悪い人とは一緒にいられません。

**いつも笑顔の人はみんなに好かれ、「あなたと仕事がしたい」と思われる。ということは、それだけチャンスにも恵まれやすいわけです。**

上気元で明るい波動の持ち主は、間違いなく、成功する確率が高くなります。

それから、実は「波動が上がると五感も研《と》ぎ澄《す》まされる」という現象もあって、これもまた成功を後押しする力になります。

感覚が鋭くなれば、それだけひらめきも気づきも多くなる。当然、成功しやすくなるよね。

たとえば、私もよく言われるんだけど、

「一人さんは感覚がシャープですね」

「ふつうの人が気づけないことを、どうして敏感に察知できるの？」

自分では、感覚が鋭いと思ったことはないけど、客観的にはそう見えるらしいの。

それで、どういうことか考えてみてわかったことがあって。

自分の感覚を磨きたければ、物事をよく観察することはもちろん大事だけど、それ以上に肝となるのは、やっぱり上気元なんです。

**感覚を鋭くしたいなら、絶対に自分の機嫌を取った方がいい。**

だって、上気元になれば万能の神様に近づけるでしょ？

神様は、人の思いも感情も、すべてお見通しです。つまり、神的波動になると人の心の揺れ動きに敏感になります。

相手の立場で、いろんなことが想像できるようになるんだよね。

また、神的波動に近づけば、神様の波動と共鳴して、天からの知恵も受け取りやすくなると思います。

これだけのことが起きれば、うまくいくのは当たり前だよ。

もちろん、人それぞれ持って生まれた感覚の鋭さとか、察知しやすい感覚に差はあると思います。Aさんはこの分野でものすごくキレがいいけど、Bさんは場のムードを察知する感覚に優れている、とかね。

感度の幅や度合い、得意な場面、苦手な状況って、みんな違うものだけど、一人さんの経験値から言えば、上気元で神的波動に近づくことで、

「優れた部分にいっそう磨きがかかる」

「不得手な感覚は底上げされる」
という変化が出てくるのはまず間違いありません。

## 行き当たりバッチリこそが最高

直感と波動の関係を、「直感に従えば波動も上がる」と考える人がいるんだけど、それは逆なの。

直感は波動がいいときにキャッチできる（認識できる）ものであり、機嫌がよくなきゃ直感は出てきません。

ふつうに考えても、機嫌の悪いときにいい知恵なんか出てきっこないよね。もし出たとしても、不機嫌な状態でひらめいたことは、だいたいろくなもんじゃない（笑）。

機嫌の悪い人は、やっぱりまた機嫌が悪くなるような考えしか湧かないものです。

## 波動がいいから直感が働くし、いい波動になるということは、機嫌がいい。

これが正しい順番であり、まずは自分の機嫌を取ることが大事なんだ。

上気元で波動を上げると、感覚が研ぎ澄まされる。直感で導かれることが多くなり、「行き当たりバッチリ」の人生になります。

行き当たりバッチリというのは、一人さんの生き方そのものを表した言葉なんだけど。ようは、「がんばらなくても、頭を悩ませなくても、直感に従って生きればうまくいく」という意味です。

直感で「楽しい」と思う道へ進むと、どんな道を選ぼうが幸せになる。

一見、なにも考えない行き当たりばったりのように見えて、実はすべての選択が完璧に正しい、行き当たりバッチリになっちゃうんだ。これこそが最高なの。

幸せな成功者は、直感を大切にしています。

そのことを自覚していない人もいるだろうけど、たとえ無自覚であっても、成功者というのは直感をうまく使っていると思います。

幸せな成功者は、いい波動の持ち主であることに間違いないし、神的波動の人には、天からの直感が雪崩《なだれ》のごとく降りてくるものだからね。

いっぽう、機嫌が悪いと神様の波動から遠くなり、直感も出にくくなります。

正確に言えば、本当は天からの直感があるのに、波動が低いことでその直感に気づけない。感覚が鈍って、神様のサインが見えないわけだ。

そうすると、「成功者は直感を大事にしている」と聞いても、直感がどういうものかいまひとつピンとこないんだよね。

ただそれも、上気元で波動を上げさえすればたちまち解決する。

行き当たりバッチリで、人生楽勝だよ。

## 効果的に直感を受け取る＋αのコツ

自分で自分の機嫌を取り、明るい波動になると直感が降り注ぎます。

そのときに、より効果的に直感を受け取るコツがあって。

**まずは、自分をよく観察すること。それから、日々の思いつきを実際に試してみるといいんだよね。**

ひらめきや知恵って、ガツンと「これですよ」みたいな、わかりやすいお知らせはありません。

ふわっとした、そよ風ぐらいのインパクトしかないイメージだから、注意していないと見落としちゃうんです。

だから、自分をよく観察しながら見落としを防ぐ。

そして気づいたひらめきは、実際に行動に移してみるわけです。

もちろん、自分にできることをやればいいんだよ。思いついたからって、無理しなきゃできないことまでやろうとする必要はありません。

知恵の糸口ってね、「こんなしょうもないものが？」と思うような形であることも少なくないんです。やってみたら、ものすごいアイデアだった、なんてこともよくある話なの。

そう思って、どんなアイデアも馬鹿にせずやってみたらいいよ。

あんまり気合いを入れると疲れちゃうから、あくまでも楽しく、気楽にね。

そうすると、１００個のうち、１個や2個はうまくいくのがある。場合によっては、もっと高確率でいい知恵が出てくることもあります。

とにかく「これはグッドアイデアだ」というのが見つかれば、それは立派な成功体験でしょ？　こういうのが行き当たりバッチリにつながる直感なんだな、っていうサンプルができるわけです。

サンプルを集めるうちに、独特の勘が働いてくるんだよね。

ふわっと知恵が出てきたとき、瞬間的に「これは間違いないぞ」っていう確信が持てるようになる。

そうなればしめたもの。いったん感覚をつかんでしまえば、その先はラクに、直感に従えるようになると思います。


上気元で神的波動に近づけば近づくほど、高頻度で直感に恵まれます。

そして、その精度や効果も飛躍的に伸びてくる。

会いたい人に偶然会える、みたいなうれしい現象だって増えてくる。

幸せに向かって、人生改革が倍速で進むんだ。

# 生きているだけで神的な価値がある

一人さんは、ものにも意識があると思っています。

私という人間は、そう思った方が楽しいタイプだし、こういう感覚があると、ものを大事にしようという気にもなるでしょ？

この世界に存在するものは、すべて神様がつくってくれました。命あるものから、ものや現象まで、無駄なものは１つもありません。

そんな貴重なものが、縁あって自分のところに来たと思うとありがたいし、大切にしたい。どんなものにも、「神様の魂」が宿っているわけだからね。

という思いでいると、ものの方だってうれしいだろうし、それをつくった神様にも喜ばれてご褒美がもらえるんじゃないかな。

だから私は、値段や希少性でものの価値を決めることはしません。

一人さんのもとにきたものは、その瞬間に、斎藤一人というブランドになるの。
100円ショップで買った巾着《きんちゃく》袋だって、「一人さん印《じるし》」のブランドとして、ものすごい価値が生まれるんだよね。

同じように、どんな人にもその人だけの素晴らしい価値があり、自分が使うものはすべて「自分印《じぶん》」のブランドになる。

私はそういう考えを持っているんです。

納税日本一だからとか、そんなことは自分印のブランドとは関係ありません。
私がまったくお金を持っていなかったとしても、一人さんブランドが色あせることはないんだよね。

なぜなら、私は、自分にとんでもなく優れた価値があると思っているから。
地位や名誉、財産、人脈みたいなものにはいっさい関係なく、斎藤一人という人間は、生きているだけで神的な価値があるんだ。

そしてそれは、みんなにも言えることです。

どんな人も、それぞれ違った唯一無二の価値がある。

あなたは、あなたが持っているすべてのモノの価値を上げる、スーパーブランドなんだよね。**あなたが自分のことをどう思っていようが、あなたの価値は、昔からずっと素晴らしいと決まっています。**

しかも、その価値にはまだまだ伸びしろがあり、自分の力——つまり「上気元」によって、どこまでも磨き上げることができるんだ。


明るい波動で、あなたの魅力は太陽のように輝きます。

どんな不可能をも可能に変える神的波動で、あなたの人生は無敵の天国になるよ。

# 第5章

# 1に場数、
# 2に場数。
# 慣れが成功を呼ぶ

# 繰り返し入ってくる情報には意味がある

一人さんは仲間と一緒にいるとき、いろんなゲームで盛り上がるんです。その1つに、神様に質問して「イエス」「ノー」をもらうものがあって。

散歩やドライブをしながら、今気になっていること、悩みなどを神様に相談し、「私の考え方に問題がなければ、家に着くまでの間に、ナンバー1111の車とすれ違わせてください」

「この願いが叶えられる場合は、ナンバー8888の車を見せてください」

といったお願いをします。

神様への質問は声に出してもいいし、心のなかで聞いてもかまいません。車のナンバーについても、特に決まりはないので好きな数字を挙げてOK。

でね、これが案外よく当たるの。聞いたことがすぐに現実になることもあれば、忘れた頃に「確かに神様の返事通りだった」と気づくこともありますが、一人さんの周りではかなりの高確率で当たります。

ただ、私たちは楽しいゲームだと思っているから、正直、当たろうが外れようがどっちでもいい（笑）。

いちばんの目的は楽しむことであり、自分の機嫌が取れたらそれでもう十分だけど、よく当たるってことは、上気元でいると神様の方がご褒美をあげたくなっちゃうんだろうね。

もう1つ、このゲームに似た話なんだけど。

車のナンバーで7777とか、時計の11時11分みたいなゾロ目を、立て続けに目撃することがあるんです。

こういうときは、

波動が高まり、運気がアップしている

直感が研ぎ澄まされている

人生の転機が訪れている
といったお知らせである可能性が高いんだよね。

頻繁にゾロ目が出てきたら、これまでのがんばりが認められて出世するとか、臨時収入があるなど、うれしいことの予兆かもしれません。

だから、なにかやってみたいことがあるなら、このタイミングで思い切って挑戦してみるのもいいと思います。

ちなみに、一人さんやお弟子さんたちも、ふだんからよくゾロ目を見ます。

そしてそんなときは、とても喜びます。小さな喜びをたくさん見つけるのが、幸せのコツなんだよね。


短い時間のなかで繰り返し見聞きする情報も、要チェックです。

朝のテレビで見たのと同じ情報を、通勤電車の中吊り広告でも見かけたり、会社の同僚から同じ話を聞いたり。

今のあなたにその情報が必要だから、何度も繰り返し出てきているんだよね。

これもまた、直感の1つ。

天からの大事なメッセージを見逃さず、それをうまく活用できる人は、飛躍のスピード感が全然違ってきちゃうんだ。

## ワクワクがなきゃ単なる備忘録になるよ

前に、ある人から「願い事をノートに書くと叶いやすい、というのは本当ですか？」って聞かれたことがあるんです。

それでうまくいった人はたくさんいるみたいだし、書くことが有効なのは確かなんだろうね。

でも、一人さん自身はやったことがない（笑）。だけど私は、自分が願った以上の現実を手にしました。

**上気元でいたら、欲しいものはすべて手に入るし、なんだって叶えられるんだよ。**

もちろん、「こうなりたい」という理想を文字や絵で残す方がしっくりくるとか、自分がそうしたい場合は、書くのがいちばんです。無理に一人さんの真似をする必要はありません。

でも、書くことが苦手だったり、気乗りしなかったりするのなら、波動（思い）だけで人生貫いたっていいと思います。

実際、私のようにそれでうまくいっている例があるわけだからね。

ただ、1つだけお伝えしておくと、書く派の人も、ただ書けばいいってわけじゃないんだよね。どんな気持ちで書くかが重要で、そこが抜けちゃってると、思うような結果にはならないだろう。

**ここは波動の世界だから、機嫌よく書いたのか、心配しながら書いたのか、疑いながら書いたのかで、まったく未来は違ってくる。**不機嫌な状態で書いても、理想通りの未来は訪れないと思います。

一人さんの考えを言わせてもらえば、書くことって、上気元になるための1つの手段なんだよね。

手を動かして書けば、頭で考えるより現実感が得られやすいから、それによってワクワクする。

だから書くことに意味があるのであって、こういう明るい気持ち、楽しい感情が欠けてしまったら、単なる備忘録になっちゃうわけです。

それと、こういう話になると、多くの人が「どの程度の理想まで願っていいですか？」「欲張り過ぎはダメ？」とかって気にするの。

まったく心配しなくていいです。

欲があるのは、少しも悪いことではありません。自分も周りも笑顔になるんだったら、どこまで欲を膨らませてもいいんだよ。

人間に欲があるのは当たり前。欲はあった方がいいし、欲がなくなると生きていけません。

日常生活は、大なり小なり「ああしたい」「これがいい」っていう、欲がベースになった選択の連続です。それがなくなっちゃうと、なにを選んだらいいのかわからなくなるし、正直、生きる意味すら見失ってしまうよ。

命ある限り、この世界を楽しみ、味わい尽くすのが人間の定めです。それを下支えするのが、自分の欲だからね。

欲があるおかげで楽しみが生まれるし、笑顔にもなる。

欲はある意味、上気元の源泉。私はそんなふうに思っています。

## 苦労なく、悩むことなく、要望が通るんだ

人に好かれようとすればするほど、なぜか嫌われることがあります。

それはなぜかと言うと、たぶん、心のどこかで機嫌の悪さを持っているからだろうね。自分ではそんなつもりはなくても、周りにはあなたの波動が伝わるものだから。

機嫌の悪い人は、残念ながら周りに好かれません。

たとえ好かれることがあっても、それは自分が求めてもいない、嫌な相手だったりするんだよね。

その逆に、いつも上気元の人は誰からも好かれます。誰からもって言うと語弊があるかもしれないけど、ようは、いい人ばかりに好かれるわけです。

世の中には、「あの人はなぜかどこへ行っても人に好かれる」という人がいます。

もしあなたの近くにそういう人がいたら、どんな感じか観察してみるといい。

間違いなく、ほとんどの時間を機嫌よく生きているはずだから。

みんなに好かれる機嫌のいい人って、職場の上司のような目上の相手ともすごく付き合い上手なんです。

上司に直してもらいたいことがあってお願いしても、角が立たずさらっと伝わる。

全然嫌われないいんだよね。

なぜそんなことができるんですかって、ふつうに考えてみれば当たり前なの。

機嫌がいい人には仕事を頼みやすいし、そういう人は神的波動で勘もいいから、すごく頼りになるでしょ？

こんな優秀な部下がいたら、上司が尊重しないわけがありません。可愛がるに決まってるよな。

大事な部下から、「それはやめてください」「もっとこうしてほしいです」ってお願いされたら、上司の方も「悪かったな」ってなる。逆ギレなんかしないだろう。

ヘンに気を遣わなくても、必要なことをストレートに言えばうまくいく。なんの苦労もなく、悩むこともなく、こちらの要望が簡単に通るわけです。

あとはもう、場数だと思いますよ。

上気元で上司にも好かれている。それでもまだ言いたいことがうまく伝えられない人は、家で練習したらいいんです。

「それはやめてください」「こうしてください」って、1000回でも練習してごらん。

最初はまったく言葉が出なくても、だんだん慣れて、喉元まで出るようになる。さらに練習を重ねたら、するっと口から飛び出すはずだよ。

## できないことも場数を踏めばうまくいく

イヤなことを「イヤだ」と言えない人は、練習したらいい。

最初は、１人でいるときにブツブツ言うだけでかまいません。とにかく、言いたい言葉を声に出して言ってみるんだよね。

毎日、「イヤだ、イヤだ、イヤだ……」って言う。これも場数のうちだから、やってるうちに慣れてくるんです。

そしたら、次は日常の小さなことに挑戦してごらん。

いきなり大きなことをするのではなく、ささやかなことでいいから、断ったり、別の提案をしてみたりするんだよね。

たとえば、家で旦那に「ラーメンつくって」と言われたとするじゃない。

で、あなたの気が乗ればつくってあげればいいけど、疲れてるとか、ほかに用事があるとか、ラーメンどころじゃないなら断らなきゃダメなの。

不満を抱えながら旦那の言いなりになると、「言いなりの波動」になっちゃって、ますます旦那が調子に乗るんだよね。

こういう場面では、「疲れてる（忙しい）から自分でやって」と返せばいいんです。


今まであなたは、「旦那は外で働いてくれてるのに、ラーメンなんてつくらせるのは申し訳ない」みたいな我慢をしてたの。その我慢があなたの波動になり、相手もあなたの波動に合わせた行動をするしかなかったわけです。

旦那だって、本当はラーメンぐらい自分で用意できるんだよ。自分でつくりたくなければ、近くのコンビニやスーパーへ食べたいものを買いに行けばいいだけでさ。

ところが、あなたが我慢の波動ばかり出すから、家のなかに「奥さんに頼まなきゃいけないムード」が出来上がってしまった。

もちろん旦那の意思もあっただろうけど、どちらかと言うと、ムードによってそうさせられていたところがあるんだよね。わかるかい？

我慢の波動を変えるには、あなたが上気元になるしかありません。我慢をやめて、神的波動を思い出さなきゃいけないの。

でもね、やってみたら拍子抜けするぐらい簡単に世界は変わる。

あなたが自分を大事にして「イヤだ」を言うと、旦那はあっさり「自分でやりたかったんだよ」とかって、むしろ喜んで動くかもしれません。

これで1個、成功体験ができた。うれしいよな。自信になる。

じゃあ、次はもう少し難度の高い場面で挑戦してみようかって、ちょっとずつハードルを上げながら練習を重ねていけばいいんだ。

言いなりの波動がしぼんでくると、友達に会っても、会社へ行っても、人の言いなりになる場面がなくなります。

仮にそういう状況が出てきても、簡単に「イヤです」が言えるんだよね。誰に対しても自分の正直な気持ちが伝えられるし、相手になめられなくなる。
清々しく、そして堂々と自分らしく生きられるんだ。

なお、家族（パートナー）への束縛がやめられない人なんかも、場数を踏めばできるようになります。

こういう人は、頭では理解していても、愛とは自由だってことが本当の意味で腹落ちしていないんだよ。心の底では、愛とは束縛だと思っちゃってるの。

だったら、「愛とは自由」という言葉をひたすら唱えたらいい。毎日１０００回、束縛の考えが消えるまで繰り返してごらん。

言うたびに深層心理が書き換えられ、束縛欲から解放されるよ。

## 口癖になるまで繰り返すのがミソ

いい話を聞いてもうまくいかないのは、くどいようだけど場数が足りないんだよね。練習量が少な過ぎるわけです。

たとえば、一人さんが「先のことが不安で心配ばかりしちゃう人は、〝だんだんよくなる未来は明るい〟という言葉を口癖にしな」とアドバイスをしても、ちょろっと言うだけで終わっちゃう人がいるんだけど。

あのね、１日や２日で目覚ましい変化なんて得られないよ。

今まで長いこと恐怖心にとらわれてきたのに、その何十年ものの暗い波動が、いっきに明るい波動になるはずがありません。

なかには、たった1日でも効果を感じる人はいます。でもふつうは、繰り返し何度も言うことでだんだんと変化が出てくるものです。

そしてこの先もずっといい波動でい続けたいんだったら、今この瞬間だけじゃなくて、死ぬまで口癖にするぐらいの長い目が必要だよね。

となると、まずは最低でも1日1000回、21日間（途中で間があいてもいいですよ）は言い続けるぐらいでなきゃ。たった数日で「口癖にしたってなにも変わらないじゃないか」と決めつけてやめちゃうのは、本当にもったいないと思います。

いい話、いい言葉を聞いても、それが習慣になるまで練習しないから、人生が変わらないんだよね。

明るい言葉が口癖になれば、本当に現実は変わるの。最初は小さなことかもしれないけれど、必ず好転します。

続けるうちに、会社で成果をあげたり、人の信頼を得られたり、臨時収入があったり、欲しかった情報が手に入ったりするから。

**どんな魔法の剣でも、使いこなすには「慣れ」が必要です。闇が出てきた瞬間にパッと剣を抜けるようになるまで、ひたすら練習なの。**

口癖になるまで言い続けるから、場慣れしてうまく扱えるようになるのであって、たまにポツンと言ったぐらいじゃ言霊の剣は使いこなせないんだよ。

日本刀だってさ、使い方もわかってない素人《しろうと》がひと振りしたからって、いきなり達人になれるわけがない（笑）。

1000振り、1万振りって素振り練習をするから上達するのであって、一朝一夕《いっちょういっせき》に腕が上がるものではありません。

言葉を口癖にするってね、その言葉が自分の「無意識」に刷り込まれるまで、ある程度は意識して定着させる必要があるんです。

そこにないものをしみ込ませるわけだから、何度も、何度も、それこそ飽きても言い続ける。これが大事です。

そこまでつぶやける時間がありませんって人もいるだろうけど、朝、駅まで歩くときとか、お風呂に入りながらなど、細切れにすればあっという間に1日1000回ぐらい言えちゃうの。声を出せない場面では、心のなかでつぶやくだけでもいいしね。

工夫をすればいくらでも時間はあるはずなのに、「時間がない」を理由にするのは、もしかしたら、あなたの潜在意識には「不安を抱えたままでいい」みたいなものが入っているのかもしれません。

だとしたら、それを潜在意識から追い出して「だんだんよくなる未来は明るい」のイメージで上書きするんだっていう、それぐらいの覚悟を持ってやってごらん。覚悟と言っても、ただ言うだけで大した話じゃない。お金だって1円もかからないわけだから、やらない手はないと思いますよ。

## 自分磨きとは上気元でいること

一般的に「自分磨き」と言うと、勉強をしたり、外見をきれいにしたりすることを指すと思います。あるいは、なにか新しいことを始めるとかね。

確かにそれらも、素晴らしい自分磨きの1つだろう。

ただ一人さん的には、いちばんの自分磨きは「上気元でいること」なんです。

1秒でも、機嫌よくいられる時間を延ばす。それが究極の自分磨きであり、それが十分できていたら、ほかのことなんて少々未熟でもどうとでもなる。

本気で自分磨きをしようと思うなら、まずは自分の機嫌を自分で取ることを覚えた方がいい。それ以上のことはないと思います。

いくら頭がよくても、知識があっても、見目麗《みめうるわ》しくても、ブスッとしていたら魅力は感じません。暗い顔の人に、「ピカピカに磨き上げてるなぁ」なんて思えないよ。一人さんは女性が大好きだけど（笑）、いつも機嫌が悪いとか、ツンとしてトゲのある言葉を放つとか、そういう女性だけは例外で好きになれないんです。

まぁ、私が最高に明るい波動を出しているから、そもそも嫌な波動の女性は寄ってもこないけどさ（笑）。

いい波動には、いい波動の人が寄ってくる。いいことばかり起きる。嫌な波動には、嫌なやつしか寄ってこない。嫌なことしか起きない。それがこの世界の仕組みだから、いい波動を出していれば、人生なんて勝手にうまくいっちゃうんだよ。

明るい波動の人はどうやっても光るし、どんどん磨かれていきます。

自分磨きは、「自分らしさ」を追求することだと思う人もいます。だけどこれも、結論としては上気元であることがカギなの。自分らしさは、楽しくなきゃ見えてこないものだからね。

苦しみながら「私らしさってなんだろう?」とか考えたってダメなんです。

たとえ「これが自分らしさかな?」と思うものが見つかっても、楽しくない自分が探し当てたものは、往々にして間違っている。曇った目では、楽しんでいる本当の自分を見つけることはできないんだよ。

間違った自分らしさを深く掘り下げても、その先にはまた面白くない現実があるだけ。幸せな未来は訪れません。

すべては、機嫌のいい自分であることから始まるんだ。

# もう人の目を気にしたくないよな

一人さんは、人の目を気にしたことがありません。と言っても、当たり前だけど人を無視するとかじゃない。

自分の気持ちにも、人の気持ちにも、私はいつだって寄り添っていたいし、自分がされて嫌なことは、ほかの人にもしません。

どんな場面であっても、相手の立場で考える視点を忘れない。自分も相手も、気持ちよくいられることが最優先です。

そのうえで、人の目を気にして自分を締めつけることはしないってことが言いたいわけです。

大事なのは、自分と相手の両方が機嫌よくいられること。

で、どちらかが機嫌よくいられない状況なんだとしたら、それはウマが合わないんだろうから、無理してまで一緒にいちゃダメなの。我慢してしまうと、気が合わないだけの関係だったのが、憎しみへと変わっちゃうんだよね。

人を憎むって、人生をめちゃくちゃにするほど強い負のエネルギーがあります。

殺人や傷害事件なんかが家族間で起きることが多いのは、「家族だから」っていう我慢の末に爆発した結果なの。そうなる前に離れていれば、「あの人とはウマが合わなかったなぁ」という笑い話で終わるはずが、我慢のせいで道を踏み外してしまう。

雨降って地固まる、という言葉があるでしょ？ もめ事や喧嘩《けんか》を通じて絆《きずな》が強くなるという意味だけど、それを勘違いしている人がいるんです。

嫌なやつだと思っても、そのうち親しくなれるはずだと自分に言い聞かせ、相手に合わせちゃうわけ。

あのね、ウマの合わない相手は、どこまでいっても合わないものだよ。

それを我慢するから、延々と我慢したのちに「やっぱりこの人とは合わない」となる。ところがそのときには、すでに憎悪《ぞうお》に変わっていたりするんだ。

一人さんは自分の好きな人としか深く付き合わないけど、それは、我慢は本当にダメだとわかっているからです。

**自分が機嫌よくいれば、周りに集まってくるのも機嫌のいい人だけになる。**

周りがみんな機嫌よければ、「俺はあの人にどう思われているだろう？」なんて気をもむこともない。相手に気に入られようとして、気疲れすることもありません。

自分が上気元でいれば、人の目なんて気にならなくなるのがふつうなんです。

多くの人が、「人はなぜ、周りの目、社会の目を気にするのか」と首をかしげるんだけど、一人さんにしてみたら、そっちの方が不思議でならないの。

世の中、全員が人の目を気にしながら生きているわけじゃないんです。気にする人と、気にしない人がいるんだよね。

で、人の目を気にしながら生きるのがほとほと嫌になった人が、こうして今、一人さんの本を手に取ってくれているんだと思います。

それなら、自分の機嫌は自分で取りな。上気元で生きるしかないよ。

# 人が「自立」する本当の意味とは？

これから大人になる子どもたちへ、「自立」についてどう教えたらいいですかっていう質問をいただいたんです。

自分でお金を稼げるようになることや、親元を離れて1人で暮らすこと、結婚することなどを自立だと考える人が多いと思うし、そういったひとり立ちも自立であることには違いないだろう。

でも、一人さん的にはそれ以上に大事なものがあると思っていて。

それはなにかと言うと、「心の自立」なんです。

いくらお金を稼ぐことができても、心が自立できていなければ苦しいんだよ。満たされなくてつらい。

豊かさと幸せを、同じことだと思っている人がいるんです。

もちろんそれが当てはまるケースもあると思うし、十分なお金を持っていた方が、趣味や好きな人のために使うことができるわけだから、人生がより満たされることは確かでしょう。

ただ、人はお金さえあれば幸せになれるわけじゃない。

お金があっても、自分を愛していなかったり、周りから愛をもらえなかったりすれば、決して幸福感は得られません。

人間は、１人では生きていけないんだよ。幸せには、愛が必要です。


自立というのは、幸せに生きられる大人になること。そしてそれは、自分の機嫌を自分で取れることです。

と言うと、
誰かに依存してばかりの私は、自立しているとは言えませんか？
自分の機嫌をどう取っていいかわからない私は、まだ子どもなんでしょうか？
そんなふうに自分の未熟さを指摘する人がいるけれど、ハッキリ言って、世の中に完璧に自立してる人はいないと思うよ。もちろん、一人さんだってその1人です。

いつも言うけど、完璧なのは神様だけで、人間に完璧はありません。


人はみんな、真の自立に向けて修行を重ねているんだよ。魂を磨きながら神的波動を目指すことが、自立の修行だからね。

自分の機嫌を自分で取ることって、いくら説明しても語り尽くせないほど、深い意味があります。

**だけどその修行は、ものすごく楽しい。**

自分を可愛がり、甘やかして遊ぶことが魂の成長や自立につながるのだから。

神様が私たちに望むことは、いつだって簡単なことばかりなのに、それでいて人生が180度変わっちゃうぐらいの効力があります。

神様って、つくづく愛があってやさしい。だから一人さんは、神様が大好きなんだ。

第6章

# 世界はゆっくりよくなっていく

# お金とは「人を幸せにした点数」だね

お金を持てば持つほど強欲になるんじゃないか、守銭奴《しゅせんど》になってしまわないかと、心配する人がいます。そうは思っていないつもりでも、実際には心の奥にそんな感覚を持っている人もいます。

そうすると、頭では豊かになりたいと願いながら、本音がブレーキをかけていることになる。お金を持つのが怖い、だからお金は入ってこない方がいいんだって。

いつまで経っても貧乏波動のままで、お金との縁ができないわけです。

また、こういうお金へのブロックを外したい人にありがちなのが、話をややこしくしちゃうことです。お金は目的ではなく手段だから……みたいに難しく考える。

あのね、世の中にお金が流れる仕組みは、いたってシンプルなんです。たぶん、あなたが思うよりずっと簡単だよ。

なのに、多くの人はお金の研究家みたく細かく考えちゃうわけです。

もしあなたの考え方に問題があるとしたら、そこなんだよね。

お金へのブロックがあるとか、それを外さなきゃいけないとか、そんな難しいことを考える必要はありません。

**あなたに足りないのは、明るさ、軽さなの。そもそも、お金というのはとても便利なもので、神様の愛なんだ。**

なんでもそうだけど、深刻に考えること自体が重いんだよね。その思考で波動が下がれば、金運だって悪くなっちゃうよ。

お金は、もちろん大事なものです。でも、そこに深刻さや意味を持たせる必要はありません。

とにかく軽く考えた方が波動もよくなるし、お金との縁もできやすくなるからね。

一人さんの場合は、お金は「生活するのに必要なもの」「本当にありがたいもの」

という認識なんです。

お金がなければ我慢しなきゃいけない場面も出てくるし、お金は、ないよりはあった方がいいに決まっています。でも、それだけなの。

だから私は、納税日本一になるほど豊かにしてもらったけれど、正直、お金に対する執着は少ない方だと思う。自分と、自分の大切な人たちが笑っていられるだけのお金があれば十分なんだよ。


それでも私が必要以上の豊かさに恵まれ続けるのは、お金を、

「人を幸せにした点数」

だと受け止めているからだろうね。


たくさん点数(お金)がもらえるのは、うちの商品が多くの人に喜ばれ、愛されている証。大勢の人の幸せのお手伝いができたわけで、こんなにうれしいことはありません。

だからもっと大勢の人を幸せにしたいし、今以上の高得点を狙い続けたい。その幸

せな思いが、お金という形で出てきているんだよね。

そして、結果的に豊かさが手に入った。


お金に困っている人、お金が欲しい人ほど、軽く考えて波動をよくした方がいい。

それが一人さんの考え方です。

自分を可愛がり、上気元でいたら、お金さんは喜んで入ってきてくれるものだよ。

## 上気元で出世しない方がおかしい

理想通りの人生を生きている人は、考え方が軽いし、常に上気元です。

人生がうまくいっていない人は、考えても仕方がないことを深追いし、気を重くしながら不機嫌な時間を過ごしている。

現実はすべて、自分の波動で決まります。

この地球は、楽しんだ人だけが幸せになり、成功も豊かさも手にできる場所なんだよね。

これは、疑いようのない宇宙の真実なの。

ふつうに考えても、それは納得できることです。

機嫌のいい人は、まず周りに好かれます。人に好かれたら、特別な情報がもらえたり、チャンスを持ってきてもらえたりするのは当たり前でしょ？

そもそも、自分が上気元でいるとフットワークだって軽くなる。

今まで「仕事が嫌だ」「動くのがめんどくさい」と思っていた人でも、会社へ行くのが億劫《おっくう》でなくなったり、仕事に対するハードルが下がったりして、パフォーマンスが全然違ってきます。

効率だって上がるだろうし、そうなれば結果も出やすいよね。

しかも、上気元で波動が上がると直感も冴《さ》えてきます。無数の知恵に恵まれる。

それで出世しない方がおかしいと思います。

自分で自分の機嫌が取れたら、もはや成功は確定したようなもの。一人さん流の「お金の増やし方」は、上気元で生きることに尽きるんです。

機嫌よく、笑顔で働く。

自分の好きなこと、楽しいことに、気持ちよくお金を使う。

これができれば、入ってくるお金は確実に増えるし、お金に困ることもなくなるだろうね。


世の中には、仏頂面《ぶっちょうづら》でもたくさん稼いでいる人がいるのも事実です。ただ、そういう人が周りに好かれるお金持ちかと言うと、それはちょっと疑わしい。

お金は持っていても仲間に恵まれていないとか、家庭がうまくいってないとか、言葉は悪いけど「お金しかない」みたいな状態を想像しちゃうの。

いくらお金があっても、自信を持って「俺は最高に幸せだ！」と言えないようでは、満たされた人生とは言えないんじゃないかな。

で、あなたがそんな人生にあこがれているなら、仏頂面のお金持ちを参考にしたらいいけど、そんな人は滅多にいないと思います。

だとしたら、人に好かれる幸せなお金持ちを真似した方がいいよね。

## 楽しめるかどうかで結果は大違いなんだ

一人さんはよく、「貧しいのは絶対嫌だと強く思うことから、豊かさが始まるよ」と言います。

そのときに、こんな質問を受けることがあるんです。

「頭では貧しいのは嫌だと思っていても、ふと気がつくと〝1円でも安いものを買わなきゃ〟と思っている自分がいます。ということは、それが自分の正直な気持ちなのでしょうか？　そしてそんな私は、貧乏波動になっているということでしょうか？」

これね、もしあなたが「節約は貧乏くさい」みたいな考えを持っているんだとしたら、波動もそうなっちゃうの。節約がつらいとか、我慢を伴うようなら、あなたの波動を下げる可能性が高いと思います。

でも、**「節約はおトクで楽しいもの」という認識でいるのなら、節約が貧乏波動になることはない。むしろ、節約することで波動は上がります。**

たとえば、いつもより1円安いものを買ったとします。

そこであなたが「1円ごときで貧乏くさい」みたいな感覚になれば、これは貧乏波動になるだろう。苦しみながらする節約は、さらなる貧しさを引っ張ってきます。

いっぽう、たとえ1円でも「トクしたなぁ♪」って喜べる人は、その1円が何千円、何万円……もっとかもしれないけど、とてつもない価値を生む。

ほんのちょっとの差だけど、気持ちの持ち方で全然違ってきちゃうんだよ。

同じ節約でも、楽しく取り組むか、しぶしぶやるかによって、未来は変わります。

ということの世の法則を念頭に置きながら、上手に節約と付き合えたらいいよな。

安けりゃいいわけじゃなく、不要な買い物は控えながら、自分を幸せにするお金は渋らないとかさ。メリハリをつけるというか、自分にしっくりくる収支や、気持ちの最適バランスを見つけることだね。

ただ、状況的に緊迫していてそれもゆるされない場合は、さらに働くか、なんとしてでも節約に楽しみを見出すしかない。どうすれば節約が楽しめるか、神様の知恵を出しな。

「だんだんよくなる未来は明るい」を忘れず、1つひとつの節約を楽しんでごらん。それで上気元になれば、大大大成功なんです。もう、明るい未来しかない。

## すべての課題は1つのゴールに行き着く

第3章で、人には持って生まれた、「今世の試練」があるという話をしました。

今世で学びたいことを、あの世にいるときに自分で決めてきたんだよね。

試練という言葉が重く感じる場合は、学校の課題ぐらいの、軽い受け止め方でもまったく問題ないんだけど。

親子関係がうまくいかないことで学びたい人は、それに行き着くまで親子のかかわりがこじれて悩むだろうし、お金に困ることで気づきを得たい人は、借金やなんかで苦労することがある。

だけど試練や課題に気づいて学び終えたら、どんな問題も爽《さわ》やかに消えます。その後はもう、同じ問題で頭を悩ませることはなくなります。

では、今世でその学びにたどり着けない場合はどうなるか？

これも簡単な話で、来世でまた同じ試練や課題に取り組めばいいんです。来世でも学ぶことができなければ、再来世に持ち越します。

学びに「ここまでに結果を出す」みたいな期限はないし、神様もお尻を叩いたりしません。自分のペースで、じっくり学べばいいんだよね。

その意味では、もしかしたら今あなたが抱えている問題も、前世までに学びきれなかった試練や課題かもしれないよ。高い壁であればあるほど簡単には越えられないから、1回の人生で解決できないのは当然なの。

そしてそれだけの難題に取り組んでいるということは、あなたの魂レベルはかなり上にあると思っていいだろう。自分で課題を決めてくるわけだから、クリアできないほど難しい課題を選ぶわけがないからね。

あなたには、それを乗り越えられる力があるんです。

ちなみに一人さんは、自分の最大の課題は「人を幸せの道に導く」ことだと認識しています。

なぜかと言うと、私は納税日本一の実業家にもかかわらず、どういうわけか「気が弱くて先輩にイジメられる」「会社に行きづらい」みたいな相談事が多いの。

実業家なんだから、ふつうはビジネスに関する相談が多くなりそうなのに、心の問題、生きづらさについて、びっくりするぐらい質問をいただくわけです。

最初はそれが本当に不思議でならなかったし、「俺にそんなことを聞かれてもなぁ」なんて思ったこともあったけど、ある日ふと気がついた。

ナルホド、これが今世の課題なんだなって。

私は、人の根源的な問題を解決する定めであり、みんなの幸せをお手伝いする役割を持って生まれてきました。

実業家としての成功も、実はそのために神様がくれたものかもしれません。

納税日本一になれば大勢の人の目に留まるし、「こんなふうに生きたら、物心ともに豊かになる」ということの信ぴょう性も増すからね。

そして思うの。**上気元で生きるって、そこまでして神様がみんなに伝えたい、大事なことなんだよ。**

機嫌よく生きることは、全人類に共通するテーマです。

それが、人間の本質的な幸福につながるカギであると私は思っています。じゃなきゃ、機嫌がいいだけで幸せになるはずがありません。

笑ってるだけでぜんぶうまくいくのは、紛《まぎ》れもなく、それが神様の望みだからです。

持って生まれた課題にしても、表面的にはそれぞれ異なる問題ではあるものの、けっきょく行き着くゴールはどれも上気元なんだ。

# 「自分可愛がり」でときめきを思い出しな

私は今まで、たくさんの教えをみなさんにお伝えしてきました。

そしてそれらは一見、どれも違う話をしているように感じるかもしれないけれど、ぜんぶ上気元になるためのアドバイスです。

上気元になって神的波動に近づけば、それで解決できない問題はないからね。

自分の機嫌を自分で取り、いつも上気元でいれば波動が上がります。

心の問題、人間関係のもつれ、仕事の悩み、お金の苦労……すべて、波動が上がれば簡単に解決する。

いい波動でいられたら、最高の人生が約束されます。

そのためには、あらゆる手を尽くして自分の機嫌を悪くしないようにしなければいけない。一人さんも、それについては常に意識し続けています。

どんな場面でも自分の「好き」を優先するし、好きなモノに囲まれ、好きな人と好きなものを食べ、好きな場所へ身を置く。

だから私の波動は、絶えず最高状態を更新し続けています。

日本では、自分をいちばん大事にすることはあまりよしとされず、自分勝手だとか、利己的だとか、そういうのと混同されやすい土壌があります。

一人さんに言わせると、それだから幸せになれないんだよ。

自分は置いてけぼりのまま、人を気遣っても、周りの目には恩着せがましく映ったり、押しつけに感じたりするだけ。真のやさしさにはなりません。

よかれと思ってやったことが裏目に出たり、がんばっても思うようにいかなかったり、いつも同じことで苦しんだり。

だったらいっそ、周りの目なんて気にしないで、自分を幸せにすることだけを考えたらいいのにって思うよ。

やってみたらわかる。自分を幸せにするって、結果的に周りを巻き込み、みんなで明るい未来を受け取ることになるんだ。

自分を可愛がることこそが、自分にも、人にもやさしい生き方です。


世の中には、自分の好きなことすらわからない人がけっこういて。

なかには、「私の好みの女性（男性）はどんな人ですか？」みたいなことまで誰かに聞く人がいるんだよね。

自分の好きなものがわかっている人には不思議でしょうがないかもしれないけど、本当にそういう人っているの。

今まで我慢ばかりで、感情が麻痺《まひ》しちゃってるんだよね。

好きなものが出てきても「ダメ、ダメ」で、それをつかむことを自分にゆるしてこなかったから、心が「ダメの殻」でがっちり囲われ、ときめかなくなっちゃってるんです。

この殻をぶち壊すには、徹底的に自分を可愛がるしかありません。それでも壊れないガンコな殻には、一人さんおススメの「檄文《げきぶん》」があるので、それを読み上げるのも効果的です（詳しくは『斎藤一人　檄文』〈マキノ出版〉で紹介しています）。

とにかく、できるところから我慢をやめて、自分を甘やかし、自由に生きることをゆるしてあげてほしい。

そうすると、ちっちゃな「好き」が見えてくる。好きな味、好きな色、好きな服がちょろちょろ出てくるから、それを楽しんでごらん。

心が軽くなって、明るくなる。機嫌だってよくなるし、もっと大きなときめきも思い出せますよ。

# 一人さんはなぜこんなにモテるのか

ちょっと自慢していいかい？

一人さんって、昔からけっこうモテるんです。けっこうどころか相当モテて、正直、彼女ができなくて苦労したことはないんだよね（笑）。

すると、恋愛運を上げる方法についてしょっちゅう聞かれるわけです。

これね、やっぱり答えは1つしかない。

上気元でいるだけです。機嫌よくすることを意識すれば、絶対にモテます。

容姿とか、勉強や運動の能力とか、持っているお金とか、実際のところそんなのはあまり重要ではありません。

もちろん、それも1つのモテ要素にはなるけど、本質ではない。

モテるかどうかを左右するのは、その人の機嫌の問題であることはまず間違いないんです。

もしかしたら、「俺はいつも機嫌がいいのに、なぜモテないんだ？」って思っている人がいるかもしれないけど、機嫌よくしてたら絶対モテます。

にもかかわらずモテないのは、**自分では機嫌よくしてるつもりでも、はたから見たら機嫌が悪い**のだと思います。

つまり、本当の上気元じゃない。

どんな色男でも、笑わない人は好かれません。

顔がいいだけに、無表情で怖いとか、そんなふうに見られちゃうんです。容姿が整っているのが、かえってマイナス要素になっちゃうの。

ジメッとした暗い波動で人に好かれようとしても、まず無理なんだよね。

その反対に、ちょっとぐらい顔がマズかろうが、ニコニコして機嫌のいい人はすごく感じがいい。その顔だからこそ、「笑顔がカワイイ！」「味わいがあって渋い」とかってモテまくるの。

で、本当にあなたの機嫌がいいのに、誰も惚《ほ》れてくれないんだとしたら、これは相手の方がおかしいと思っていいです。

ただ、あなたの周りにそういうへんてこりんな人しかいないのは、それはそれで不可解なの。だって、あなたがいい波動でいれば、おかしな人が寄ってくるはずがないからね。

と思うと、モテないのはやっぱり、本当の上気元じゃないんだと思います。

波動の法則で言えば、機嫌のいい人がモテないはずがありません。機嫌のよさは最高の魅力になるから、どうやったって人を惹きつけちゃうの。

だから、モテたかったら自分の機嫌は自分で取りな。

上気元でいれば、あなたにも人生最高のモテ期がくるからね。

# 人を感動させる声の持ち主に共通すること

波動というのはすごく面白くて、声にもそれぞれ波動があるんです。

一人さんのお弟子さんでも、はなゑちゃん（舛岡はなゑさん）の声には透き通った神的な波動を感じるし、恵美子さん（柴村恵美子さん）には勢いのある明るさがある。そして、みっちゃん（みっちゃん先生）はあったかくて深いやさしさを感じさせる声。真由美ちゃん（宮本真由美さん）は、楽しくて人を元気にする声をしているの。

お弟子さん全員、かもし出す雰囲気もそれぞれ素敵だけど、声もまた最高なんだよね。人を癒やし、喜びを与えてくれる声をしている。

うちのお弟子さんに限らず、こういう声の持ち主を見ていると、やっぱりみんな機嫌がいい。自分で自分の機嫌が取れる、上気元な人ばかりです。愛があるの。

声は人によって高低差があるし、ハリ感とか、くぐもった感じだとか、いろいろ特徴があります。

でもそういうのに関係なく、いい波動の持ち主は、声にも愛の波動が宿っている。たったひと言、悩んでいる人に「大丈夫だよ」と言うだけで、相手が救われちゃうぐらいのエネルギーがあるんです。なにをしても大丈夫だと思えなかった人が、大安心できて肩の力が抜けちゃうぐらいのね。

神的波動の人は、ささやかなことで人を幸せにします。ひと声で、魔法の杖をひと振りしたみたく相手の波動が上がるの。

だからみんなに愛され、助けられるんです。困ったことが起きても、絶対なんとかなっちゃう。

ツイてツイてツキまくるし、奇跡の連続なんだよね。

こういうのは、声の出し方を練習したからって習得できるものではありません。人を感動させるのは、その人の奥底にある愛だからね。

声のいい人には、もう1つ共通することがあります。

**気楽に話しているのに、なにを言っても相手を傷つけないし、失言がない。この能力が、ズバ抜けて素晴らしい。**

たとえば、言葉そのものに毒やトゲがあるものは、聞けばすぐにわかります。一例を挙げると、「バカ」「最低」「ブス」みたいな言葉になるわけだけど、こういうのは誰でも、口にするのはやめようって気をつけることができるよね。

問題は、そうじゃない「一見、悪くない言葉」なんです。

これは具体例を挙げるのが難しいんだけど、本来はいい波動であるはずの「素敵ですね」という言葉でも、場合によってはすごく嫌味に感じることがある。

じゃあどういうときに不快感を覚えるかというと、不機嫌な人が発したときです。

機嫌の悪い――つまり、心に毒を持っている人がしゃべると、いい言葉でも悪い意味になることがあるし、悪い言葉は、いっそう毒のある言葉になっちゃうんだよね。

出る言葉、吐く言葉、ぜんぶ波動が下がってしまう。

だから一人さんは、「機嫌の悪いときはしゃべっちゃダメだよ」と言うんです。不機嫌なときに発言すると、ウソっぽくなったり、相手には皮肉に聞こえちゃったりすることがあるからね。

その点、上気元の人にはこういうことがいっさいありません。

愛のある人は嫌味が頭に思い浮かぶこともないけど、たとえ意図的に毒を吐いたとしても、聞く人は「またまた～（笑）」とかって、冗談だと思われちゃうぐらい言葉に毒が入らないんだよね。

いい言葉を使えば、ますます相手の心にしみる。悪い言葉でも、なぜか悪く受け止められない。

機嫌よく生きるって、本当にトクすることばかりなんだ。

## 大難は中難に、中難は小難に。小難は消えるよ

最近の地球を見ていると、異常気象や自然災害が多く、人々の緊張、不満が高まっていることから、地球全体の波動が下がっているように感じる人がいます。だけど昔に比べたらはるかにいい波動だと思うし、これからさらにいい波動になっていくと、一人さんは信じています。

みんながどう思うかは自由だけど、私はそう思っているの。

そりゃあ、問題を挙げればいろいろあります。でも、そこだけを見て「ほら波動が下がってるじゃないか」って、それは視野が狭いと思うんだ。

地球の本当の波動は、もっと大局で見なきゃいけない。

今ちょっと地球の波動が下がっているように見えても、だんだんよくなっているんです。詳しく調べたらわかるよ。

地球は、昔に比べてはるかに進化しています。

しっかり、平和への道を歩んでいる。

まだ道なかばではあるけれど、これからも世界は生成発展し続けるんだよね。ジグザグしながら、少しずつよくなる。

だんだんよくなる未来は明るい。


世界に上気元の人が増え、明るい波動が広がれば、発展に加速がつきます。

大難は中難になるし、中難は小難になる。そして小難は消えてなくなるだろうね。

地震や洪水といった自然災害も、戦争のような人的災害も、地球上に機嫌のいい人が増えたら、その波動で被害は小さくなる。

特に、戦争はその最たる例かもしれません。そもそも、機嫌の悪いやつが起こすのが戦争だから。

機嫌がいいのに争い事を始める人はいないし、喧嘩になることもありません。


機嫌よくいれば、間違いなく、世界からもめ事が減る。

この世界は天国になる。

上気元が地球を救い、この世を明るく照らすんだ。

## 私の使命

今も、世界はいい方に向かって進んでいます。
どんなに困難に見えても、昔より、いい方に進んでいる。

それを信じて生きること。
そのことをみんなに伝えること。

それが、私や、一人さんの仲間の使命だと思っています。
もちろん、あなたもそのなかの1人だよ。

この使命を、楽しく伝えていきましょう。

# おわりに

日々、上気元で生きて波動を上げるためには、
未来は明るいと思うこと。

そしてそのためには、
「だんだんよくなる未来は明るい」
を口癖にすること。

楽しみながら、
1日1000回、21日間、
言ってみてください。

人生が変わります。

さいとうひとり

## 雄大な北の大地で
## 「ひとりさん観音」に出会えます

北海道河東郡上士幌町上士幌

### ひとりさん観音《かんのん》

柴村恵美子さん（斎藤一人さんの弟子）が、生まれ故郷である北海道・上士幌町《かみしほろちょう》の丘に建立《こんりゅう》した、一人さんそっくりの美しい観音様。夜になると、一人さんが寄付した照明で観音様がオレンジ色にライトアップされ、昼間とはまた違った幻想的な姿になります。

### 記念碑

ひとりさん観音の建立から23年目に、白光の剣《つるぎ》（※）とともに建立された「大丈夫」記念碑。一人さんの愛の波動が込められており、訪れる人の心を軽くしてくれます。

（※）千葉県香取市にある「香取神宮」の御祭神・経津主大神《ふつぬしのおおかみ》の剣。闇を払い、明るい未来を切り拓く剣とされている。

「ひとりさん観音」にお参りをすると、願い事が叶うと評判です。
そのときのあなたに必要な、一人さんのメッセージカードも引けますよ。

**そのほかの一人さんスポット**

**ついてる鳥居：最上三十三観音 第2番 山寺（宝珠山《ほうじゅさん》 千手院《せんじゅいん》）**

山形県山形市大字山寺4753　電話：023-695-2845

一人さんが
すばらしい波動を
入れてくださった絵が、
宮城県の
定義如来西方寺《じょうぎにょらいさいほうじ》に
飾られています。

宮城県仙台市青葉区大倉字上下1
Kids' Space　龍の間

**勢至《せいし》菩薩《ぼさつ》様は
みっちゃん先生の
イメージ**

聡明に物事を判断し、冷静に考える力、智慧と優しさのイメージです。寄り添う龍は、「緑龍」になります。地球に根を張る樹木のように、その地を守り、成長、発展を手助けしてくれる龍のイメージで描かれています。

**阿弥陀《あみだ》如来《にょらい》様は
一人さんの
イメージ**

海のようにすべてを受け入れる深い愛と、すべてを浄化して癒やすというイメージです。また、阿弥陀様は海を渡られて来たということでこのような絵になりました。寄り添う龍は、豊かさを運んでくださる「八大龍王様」です。

**観音《かんのん》菩薩《ぼさつ》様は
はなゑさんの
イメージ**

慈悲深く力強くもある優しい愛で人々を救ってくださるイメージです。寄り添う龍は、あふれる愛と生きる力強さ、エネルギーのある「桃龍」になります。愛を与える力、誕生、感謝の心を運んでくれる龍です。

## 斎藤一人さんとお弟子さんなどのウェブ

### 斎藤一人さんオフィシャルブログ

https://ameblo.jp/saitou-hitori-official/

一人さんが毎日あなたのために、ツイてる言葉を、
日替わりで載せてくれています。ぜひ、遊びにきてくださいね。

### 斎藤一人さんX（旧 Twitter）

https://twitter.com/HitoriSaito?ref_src=twsrc%5Egoogle%7Ctwcamp%5Eserp%7Ctwgr%5Eauthor

上のＵＲＬからアクセスできます。
ぜひフォローしてください。

| | |
|---|---|
| **柴村恵美子さんのブログ** | https://ameblo.jp/tuiteru-emiko/ |
| **ホームページ** | https://emikoshibamura.ai/ |
| **舛岡はなゑさんの公式ホームページ** | https://masuokahanae.com/ |
| **YouTube** | https://www.youtube.com/c/ますおかはなゑ4900 |
| **インスタグラム** | https://www.instagram.com/masuoka_hanae/ |
| **みっちゃん先生のブログ** | https://ameblo.jp/genbu-m4900/ |
| **インスタグラム** | https://www.instagram.com/mitsuchiyan_4900/?hl=ja |
| **宮本真由美さんのブログ** | https://ameblo.jp/mm4900/ |
| **千葉純一さんのブログ** | https://ameblo.jp/chiba4900/ |
| **遠藤忠夫さんのブログ** | https://ameblo.jp/ukon-azuki/ |
| **宇野信行さんのブログ** | https://ameblo.jp/nobuchan49/ |
| **尾形幸弘さんのブログ** | https://ameblo.jp/mukarayu-ogata/ |
| **鈴木達矢さんの YouTube** | https://www.youtube.com/channel/UClhvQ3nqqDsXYsOcKfYRvKw |

〈著者略歴〉
**斎藤一人**（さいとう　ひとり）
実業家。「銀座まるかん」（日本漢方研究所）の創設者。1993年から納税額12年連続ベスト10入りという日本新記録を打ち立て、累計納税額に関しては2006年に公示が廃止になるまでに、前人未到の合計173億円を納める。また、著作家としても「心の楽しさと経済的豊かさを両立させる」ための著書を何冊も出版している。
主な著書に『斎藤一人 成功したのは、みんな龍のおかげです』『斎藤一人 今はひとりでも、絶対だいじょうぶ』『斎藤一人 人は考え方が９割！』『斎藤一人 楽しんだ人だけが成功する』『強運』『絶対、よくなる！』『「気前よく」の奇跡』（以上、ＰＨＰ研究所）がある。

**斎藤一人　幸せ波動、貧乏波動**

2024年2月5日　第1版第1刷発行

著　者　斎藤一人
発行者　永田貴之
発行所　株式会社ＰＨＰ研究所

東京本部　〒135-8137　江東区豊洲5-6-52
ビジネス・教養出版部　☎03-3520-9619（編集）
普及部　☎03-3520-9630（販売）
京都本部　〒601-8411　京都市南区西九条北ノ内町11

PHP INTERFACE　https://www.php.co.jp/

制作協力
組　　版　株式会社PHPエディターズ・グループ
印刷所
製本所　図書印刷株式会社


ISBN978-4-569-85656-8

# 斎藤一人
# 成功したのは、みんな龍のおかげです

斎藤一人／みっちゃん先生 共著

「機嫌のいい人」になれば、龍が応援してくれる。そこから奇跡がはじまる！　龍を笑わせて、やすやすと人生を好転させる方法を説く。

定価 本体一、四〇〇円（税別）

PHPの本

# 斎藤一人 常識をぶち破れ

斎藤一人 著

らくらく成功したいなら、軽く生きればいい！
幸せになりたい時、生きるのがつらい時、読む
だけでパッと道が開ける楽しい考え方。

定価 本体一、四〇〇円（税別）